夫は犬だと思えばいい。

夫は犬だと思えばいい。

花まる学習会・代表
高濱正伸

集英社

装丁　　　　村沢尚美 (NAOMI DESIGN AGENCY)
本文デザイン　宮崎恭子 (NAOMI DESIGN AGENCY)
カバー写真　　Eunice Chang

はじめに

子どもたちの将来が輝くように。

自分でメシを食って、仕事が楽しく人生ってすばらしいなと感じ、接する人たちを幸せにしてあげられるように。

私は、そういう思いで「花まる学習会」を立ち上げました。

最初は、週に1回の授業はもちろん、シーズンごとの野外体験教室で、子どもたちにベストの指導をすればよいと信じていました。しかし、やがてもっとも大きな関数は親、なかんずく母親であり、「親を変えなければ、根本は改革できない」と分かりました。

始めたお母さん学級。無意味というのでは決してないのですが、参加してくれたお母さんたちから感じる皮膚感覚として「的に命中していない感じ」を、私はずっと感じていました。しょせん男、しかも理系である私は、「べき論」や理屈ばかりを振り回していたのです。

「先生、女は理屈なんて聞いてないですよ。事例を話すことです。母親はただ安心したいだけなんですよ」

このひとことを、心から理解するのに、10年近くかかりました。そこで得たもっとも大きな視点は、「異性はまったく違う生き物なのだ」ということです。このことを痛感することによって、世界はよりすばらしく豊かで楽しいものになる。

実際、私がそうでした。その見方を手に入れるまでは、たとえばアルバイトの女性に、全力を尽くしているつもりなのに「高濱さんは、どうせ口だけって、私分かってますから」と言われ、愕然としたこともあります。「なんでそんな言い方をされなければならないの。こんなにあなたのことを考えているし、がんばっているのに」と。

しかし、「オレは女性が分かってなかったんだ。よし、これからは学ぶぞ！女性に幸せになってもらえるように、もっともっと学ぶぞ！」と誓ってからは、それこそ世界が変わりました。

女性の嗅覚は鋭いですから、私のその気持ちをすぐに嗅ぎとってくれたのでしょう。好意的な視線が増えましたし、保護者を中心に、お母さんたちが活動のすべて

は、とっくにわが子は卒業して社会人になっている、第1期生のお母さんたちです。市のビルの3階で、若い社員たちのために、週3回も昼食をつくってくれているのは、場所探しや生徒集め、私の嫁探しなどなど。一例ですが、現在本社があるさいたまを応援してくれるようになりました。なんでそこまでというくらいに、教室展開の

私が変われたように、人は誰でも変われます。それは意識改革です。異性はまったく違う生き物と痛感するところがスタート地点。分かり合うことは、もともと無理です。ただ、分かろうと歩み寄ること、「相手はこんなときこういうことをする生き物なんだなぁ。理由などない、そうしてしまう生き物なんだなぁ」と学んで、想像力を働かせて付き合っていくこと。このことで、男同士、女性同士が分かり合うこと以上に、格段に人生が彩り豊かで、楽しいものに変わります。

ただ、「異性を学びましょう」と言っても、通じるものではないということも、日々の保護者対応で感じていました。そんな中、ある日ある講演で、ポンッと生まれたのが「夫は犬だと思え」という言葉です。ちょっと聞くとキツい言い方ですが、これほど端的に異性理解のための意識改革を表す表現もないなと、ずっと使ってき

ました。

ちょっとしっくりいってないなというご夫婦はもちろん、あんな夫（妻）と縒りを戻すつもりはないですからと思い込んでいるご夫婦も、この本を読んで、「あ、そうか！」と感じてもらえれば幸いです。

ご夫婦がうまく共感できて、お母さんが安心できること。そしてそのことによって、子どもたちが健やかに育っていくこと。それが私の願いです。

目次

Part 3

「夫よ、妻の話を聞こう」では解決できない　107

Part 4

夫は犬だと思えばいい 131

Part 5 大人はみんな困っている 177

Part 1

苦しそうな大人たち

誰が学業不振の子をつくる？

「小学2年生の息子から『なんで勉強しなきゃいけないの？』『なんで宿題をしなきゃいけないの？』とよく聞かれます。『勉強をすると、大人になってからいろんな人の役に立てるようになって、それで「ありがとう」と言われたり、いいことがいろいろあるんだから、やらないといけないんだよ』とか、『先生はあなたのことを考えて宿題を出してくれているんだから、やらないといけないんだよ』と答えているのですが、納得していないのか、何度も同じ質問をされます。どう答えればいいのでしょうか」

「小学3年生の息子は短気で怒りっぽく、自分の思うようにいかないとすぐにヘソを曲げます。問題文をしっかり読まないですぐ答えを書こうとしたり、『これ、足し算？』などと、安易に答えだけを求めるようにたずねてきます。これまであまり厳しく勉強をさせようとしたことはありません。むしろ自分で考えるように促しているつもりなのですが、嫌がって聞こうとしません。今からこのような態度では、これから伸びる子に育たないのではないかと心配です。どうすればいいでしょう

か」

「『勉強しなさい』と言わなくても進んで勉強するようになる方法はないでしょうか。５年生の娘には、勉強する時間と遊ぶ時間を自分で区別し、ちゃんと勉強の計画を立てて実行してほしいと思っています。また、娘は言われたことはきちんとやるのですが、几帳面(きちょうめん)すぎて融通が利かないところがあります。臨機応変に対応できる器用さを身につけるためにはどうしたらいいのでしょうか」

「長男が私立中学を受験して半年になります。入学してから気が抜けてしまったのか、成績が下がる一方です。見かねた主人が『クラスで10番以内に入らないとサッカー部をやめさせる』と言い出しました。それでもダメなら今の学校をやめて公立中学へ転校させるとまで……。中１の１学期のテストの成績で追い詰めてしまっているようで、私は納得がいかず、意見するのですが聞き入れてもらえません。長男も『お金を出してくれているのはお父さんだから』と何も言えないでいます。どうすればいいでしょうか」

子育てに関するお母さんの悩みと言えば、今も昔もいちばん多いのは、やはり勉

強に関することでしょう。勉強をしてほしいというお母さんの思いはいつの時代も変わりません。「花まる学習会」にも、多くのお母さんから質問や相談が寄せられてきます。

もっと詳しく事情を聞かないと分からないケースや軽々しくアドバイスできないケースもありますが、なるべく答えるようにしています。たとえば――。


まず最初のお母さん。本来、子どもは勉強をやりたがるものです。やりたがらないのは、お母さんの言葉に理由がある可能性が考えられます。「ちゃんとやったの?」「できたの?」「なんで分からないの?」「何回言ったら分かるの?」などと言っていませんか。お母さんの言い方次第で、子どもは勉強をやりたがらなくなることがあります。それは別として、「なんで勉強しなきゃいけないの?」という質問自体には、「子どもはいっぱい遊んで、勉強をやるものなのよ」と、ピシャッと言い切って終わりにしましょう。理屈で納得させる種類のものではないし、言い切ってくれることでこそ、子どもはスッキリするのです。

2番目のお母さん。妹さんがいるそうですね。甘やかしてきてしまったか、妹へ

の嫉妬がある可能性があります。ちゃんと考えても分からない自分が怖いのかもしれません。こういうときは成功体験を積ませることが大切です。パズルやクイズなど、何かができたときに「お母さんも妹も分からなかったのに、お兄ちゃんはスゴイね」ということを伝えましょう。じっくり考えてみたら楽しかった、という成功体験を積ませるのです。また、こうした子に多いのは、小さいころに計算漬けにしてしまったケースです。「自分が得意な作業である計算に持ち込みたい」という心理があるのでしょう。文章題の力を伸ばす方法もありますが、お母さんは対応せず、お母さん以外の人に任せるのがいいでしょう（Ｐ60参照）。

３番目のお母さん。自分から勉強の計画を立てて実行するというのはスゴイことです。お母さんの要求が高すぎるのではないでしょうか。お母さんがやってあげたい気持ちは分かりますが、５年生ともなると親ではなく、塾の先生など信頼できる外の人間に任せるのがいちばんです。几帳面？　よいことじゃないですか。自信を持ってください。むしろそこ（長所）を認められないお母さんのほうが心配です。融通性というのは思春期に築かれていきます。型にはまっていることを友だちや先輩に指摘され、自分から変えなきゃと決意するから変えられるのです。この時期に

お母さんがマイナス面を指摘しても悪循環になります。融通を利かせられる場面にひとつでも出くわしたら「強くなったね」と声をかけてあげてください。

最後のお母さん。これは無理な受験の典型かもしれません。こんなケースでは、受験を終えると無気力になってしまうことがあるのです。ただ、もう親の「こうすべき」では動かない年齢です。お父さんの「オレが言ってやろう！」というのも、子どもがかえって萎縮してしまい、ドツボにはまってしまうことがあります。心のケア、アドバイスは、親ではなく、部活の監督やコーチなど、外の師匠にしてもらうのがいちばん効果的です。

それからお母さんとお父さんの関係はいかがでしょう。そこが気になるのですが、理由はあとで述べます。

学業不振。こう言うと、勉強ができない子ども、成績が悪い子ども……そんな子どもたちのことを指しているように聞こえるかもしれません。でもここで言う学業不振というのは、ちょっとニュアンスが異なります。勉強を教えているのに、よく伝わらない。家でよく勉強しているのに、テストの点数が上がらない。ひとことで

言えば、思うように成績が伸びない。そういった子どもたちのことを指しています。ところで、誰が「成績が伸びない」と思っているのでしょう。たいていはお母さんなんです。子ども本人もそう思っている？　そうかもしれませんが、それはむしろお母さんに言われ続けてきたからではないでしょうか。「あなたは算数が苦手よね」とお母さんが言い続ければ、子どもは「ああ、自分は算数が苦手なんだ」と思うようになります。

学業不振というのはあくまでみなさんの主観です。ですから、実は必ずしも成績が悪いとは限らないのです。極端なことを言えば、90点をとった子でも、100点を理想とするお母さんにしてみれば学業不振に映ります。そのことが気になってしかたなくなり、「あと10点じゃない、もう！」などと言ってしまうのです。

本来、学業不振というのは義務教育段階ではあり得ません。もしお母さんに何も言われなければ、小学3年生ぐらいまでの男の子なんて、どんな成績をとろうが平気の平左でいられます。それでかまわないと私は思うのです。

ところが親というのは不安を発掘する生き物です。「まだその年齢なら気にしなくていいですよ」と言っても、勉強のことが気になってしかたがない。「大丈夫で

す」と言っても満足しない。しかもお母さん自身が、子どものころから周囲の評価を気にしてきた世代です。数値化されたものに弱いということもあります。テストの点数や偏差値に小さい差を見つけては、「なんであなたは70点なの？」と言ってしまうのです。「いいじゃないですか、70点なら」と私が言っても、心の底からは納得していません。子どもは必ずそれに気づきます。子どもはお母さんがどう思っているかに敏感です。

子どもを「自分は勉強ができないんだ」という気持ちにさせるのは、明らかにお母さんの意識であり、お母さんの言葉なのです。

NGワードを投げつける

そんな学業不振の子どものお母さんには、ひとつ、特徴のようなものがあります。長年、学習塾をやっていてよく見かけるのは、たとえば弟には甘いのに、姉にはとてもキツい言葉を投げつけているようなケースです。こういう場合、たいてい犠牲になるのは上の子のほうです。「なんでお姉ちゃんなのにそんなこともできないの」という言い方をしてしまうのです。弟に対して「あなたはできるよね」という言い方をするのも、姉に対して「あなたはできないよね」と言っているのと同じです。こんな言葉や行動は、子どものやる気を確実にくじいていきます。

このことに気がついた私は、もちろん、お母さんに指摘しました。でも、「つい言っちゃうんですよね」などと、意外と平気な顔をしています。「お母さん、子どもをちゃんと自立させるためには、そういう言い方はしないほうがいいんですよ」と言っても、またガミガミ言ってしまう。「それは教師が言えばいいことで、お母さんが言うことじゃないですよ」と言うと、そのときは「はい」と答えたりします。

でも子どもたちに聞くと、まだ言っているんです。

結局、こちらがアドバイスしたことなどまったく聞いてない。そればかりか、輪をかけたようになることもあります。

たとえば子どもに何か小さな問題が起こると、わざわざそれを暴き出す。「ちゃんと手を洗った？」と聞くと、子どもは「洗ったよ！」と言っておやつを食べ始めます。でもどうも洗ってないようです。よくある話です。そこはひとこと、「洗ってきなさい！」とだけ言えばいいのですが、そのお母さんは、わが子がウソをついたのではないかということのほうが気になってしまうのです。お母さんはウソをついているかどうか、確認を始めます。警察官のように調べ、子どもの監視をするようになります。もちろん「ウソ」の程度にもよりますが、子どもの間違いを暴き立ててもろくなことにはなりません。

子どもを口汚く罵ったり、あげくの果てに「この子はダメですから」というようなNGワードを言ってしまう、ということもあります。

お母さんには、子どもに対して言ってはいけないNGワードというのがあります。

兄弟や他人と比較をする中で貶(おとし)めるというのもそのひとつ。

「もうお兄ちゃんなのになんでできないの」

「少しは○○君を見習いなさい」

子どもを叱る場面でついお母さんが口にする言葉です。「分かったの？」「何回言ったら分かるの？」を連発しながら同じ小言を繰り返したり、昔の出来事や関係のない話まで持ち出して責めたりするのもそうです。怒りを収めることができず、

「あんたなんか生まなきゃよかった」とまで口走るお母さんもいます。

なぜ言ってはいけないのか。それはこういったＮＧワードを子どもに投げつけても、決してよい結果を生まないからです。こう説明すると、みなさん、納得します。叱ることと怒ることは違います。みなさん、そんなことは知っています。でもそれは叱っているのではなくて、怒りを爆発させているだけなんじゃないですか。こう聞くと、みなさん、うなずきます。

「分かっているけど、またやっちゃうんです」

なぜなのでしょうか。

不登校・家庭内暴力の子のお母さん

「中2の長男が、友だちから無視されたことをきっかけに不登校になり、半年になります。最近は食事のときなど以外、ほとんど自室にこもったままです。ちょっと神経質で、オドオドしたところがあり、私に似てしまったのかもしれません。幸い小4の弟が明るい性格で助かっているのですが、つい弟ばかり褒めることが多く、兄の暗い性格が気になっていました。これまで成績や友だち関係で、これといった問題はありませんでした。周囲に相談できる人もおらず、どうしていいのか分かりません」

「25歳の長男は中学時代に不登校になり、なんとか高校には進学しましたが、やはり学校に行かなくなりました。自室にひきこもりの生活になった彼が、注意をする私や主人に暴力を振るうようになったのは17、18歳のころです。かわいかった息子が馬乗りになって殴りかかってくることもありました。それでも『この子の面倒を見るのは私しかいない』と思って耐えてきました。3歳下の妹はそんな家庭の雰囲

気に耐えられなくなって家を出ました。もう解決する方法はないのでしょうか」

登校拒否という言葉が生まれてから30年。今では不登校は珍しいことではありません。その延長線上にあるのが家庭内暴力やひきこもり。もはやこれもレアケースとは言えません。見渡せばみなさんのまわりにも必ずいる。それぐらい、頻発しています。

私もこれまでさまざまなケースを見てきました。

このふたつのケースについて、まず言えることは、すでに家庭の中だけで解決できる時期ではないということです。ひきこもりや家庭内暴力といった問題は、長期化すればするほど解決が困難になります。社会復帰すること自体が難しくなっていきます。なるべく早く専門家に相談するなど、外に助けを求めるべきです。

もうひとつ、ふたりの話に共通するのは、お父さんの影が極端に薄いことです。

ふたつ目の一家で特徴的だったのは、サラリーマンのお父さんに対する言葉です。お母さんに「お父さんは?」とたずねると、「いえ、あの人に何を言ってもムダで

すから」と言い切る。長男が不登校になるずっと前の段階から、すでにお母さんは「お父さんに話してもムダ」と思うようになっていたそうです。

そのお父さんはと言えば、家には帰ってはくるけれど、表情は晴れないようです。義務だから帰ってくるし、生活費も出す。それ以上でもそれ以下でもなく、特にお母さんに協力する姿勢も見られない。お母さんからは「どうせあんたは何もやってくれないじゃない」ということばかり言われて、「もうやってられない」という気持ちになっているのでしょう。お母さんがお父さんのことを語ると、「あんな人と結婚したばかりに、私はこんな目に遭っている」というニュアンスが交じります。悪いのはお父さん。そんな恨みがこもっていました。

不登校自体は小学1、2年生から始まります。なぜそんなことが起こるようになったのでしょう。

私が子どものころ、不登校という現象はありませんでした。それはその当時、不登校という概念がなかったからです。学校に行く以外に道があるなんて知らなかったから、行くしかなかった。今の子どもたちは知っています。登校拒否や不登校と

いう言葉を聞いています。情報はだんだんと、下へ下りていきます。お兄ちゃんたちが使っている流行語のように、不登校というカードが下の年代に下りていくのです。もちろんお母さんたちにもその情報は知れ渡っています。だから「この子、学校に行けなくなりそう」と、つい想像してしまう。

原因は些細なことです。誰かにイヤなことをされたとか、いじめられたとか、人間関係のストレスがきっかけになることが大半です。

学校で集団生活を送るようになれば、多かれ少なかれ人間関係のストレスはつきものです。では、同じようなストレスがありながら、不登校になる子どもとならない子どもの違いはどこにあるのでしょう。

不登校、そしてそれが高じて家庭内暴力に至ってしまう子どもたちに共通するのは、自信がないことです。勉強とは限りません。特に低学年なら勉強はほとんど関係ありません。「ちょっとイヤなことを言われたけど、自分にはこれがあるよ」というような、基本的な自己肯定感のようなものが培われていないのです。

こんな子のお母さんは、学業不振の子のお母さんたちとぴったり重なります。兄弟を比較して上の子を貶めたり、「この子、憎たらしいんです」というようなＮＧ

ワードを投げつけたり、何か救いを求めるように過剰に子どもに関わって、かえって自立を阻んでしまったり……。お母さんの言葉で子どもの自信がつぶされていく。なぜわが子をつぶすようなことをしてしまうのか。やはり初めは分かりませんでした。

もっとも、小学校低学年の不登校は、あまり心配することはありません。子どもはふとしたことで登校できるようになるものです。子ども自身の切り替えが早いから、何事もなかったかのように、コロッと行き始めることが多い。不登校が長期化することはまずありません。

問題が複雑になるのは高学年になってからです。たとえば、子どもが「学校に行きたくない」と言い出したとします。お母さんは困るでしょう。「行ってよ」「行きなさいよ」と言うところからスタートして、最後は無理やりにでも行かせようとします。この時点で、子どもが学校に行かないことがひとつの事件になってしまいます。

一方でお母さんは、「なぜ学校に行きたくないと言い出したのかしら」と、想像

をめぐらせます。いじめに遭っているのではないかと心配になります。「何かあったの?」と、子どもに問いただします。ところが本当にいじめがあったとしても、子どもはなかなか素直に明かしてはくれません。むしろ問われたこと自体で傷つきます。

このとき、いじめの痕跡が見つかると、学校に乗り込んで対応を要求するお母さんがいます。これも問題をこじらせます。子どもたちの人間関係に親が出ていくと、ろくなことになりません。その子はいよいよ立場がなくなります。そのクラス、あるいは学年の中でずっと孤立することになります。それによって不登校を繰り返すようになるケースもあります。逆に転校することで、ふつうに学校に行けるようになることもよくあるのです。

子どもたちにとって小学校から中学校へ進む時期は大きな分岐点になります。まず意識が変わります。身長が1センチ、2センチ伸びたというのと違って、「自分は中学生になったんだ」というのは、明らかに大人に近づいたという独特の感覚があるのです。

思春期特有の悩みもあります。体や性の問題です。「モテない」とか「異性にバカにされた」ということを深刻に受けとめるようになります。人間関係によるストレスも、それまでの比ではありません。スポーツをやっていて「おまえのせいで試合に負けた」と言われるなど、何らかの落ち度があったときの仕打ちは容赦がありません。いろいろな変化が一挙に起きて、自信を失う機会はあちらこちらにあります。中学生になってからの不登校は深刻です。

「夫婦で相談に来てください」の意味

お母さん、お父さんにも変化があります。相変わらず息子や娘はかわいいかもしれませんが、その「かわいい」は、小学校低学年のころの「かわいい」とは違います。赤ちゃんや子犬が「かわいい」というときの愛おしさとは違うのです。しかも口答えをしたり、親を避けたりするようになります。

そんな中で子どもが不登校になると、お母さんは悩みの持って行き場がなくなります。拒否している子どもを追いかけ回すようになってしまうお母さんもいます。「私だけがこの子を分かっている」「お母さんだけがボクを分かってくれる」と、お互いに完全に依存し合うような関係になってしまうパターンもあります。特に男の子の場合は危険です。

そこにあるのはお父さんの不在です。お母さんと子どもがひとつの閉じたカプセルに入っているような状態です。

子どもが高校生、大学生になると、その傾向はさらに強まります。お父さんはす

っかりお母さんに拒否されてしまいます。こうなると不登校は長期化、泥沼化します。お母さんはますます「自分が責任者としてがんばるしかない」と思い詰めるようになります。どこにも救いがない。次第に家庭の中だけで解決するのは難しくなっていきます。

そこまで行き着く前の段階で、子どもに対してできることはなかったのでしょうか。ひとつ、ヒントがあります。

塾を始めて、不登校などのお子さんを持つお母さんたちの相談にも乗るようになってから、そこにお医者さんたちにも加わっていただくようになりました。そのうちのひとりで、子どもを対象にした精神医療の草分けである「あすなろ学園」（三重県）の園長をされていた故・稲垣卓先生は、こう言っておられました。

「軽度の不登校などであれば、夫婦で来てください。そうしたら大丈夫だから」

どういうことかというと、不登校などの問題は、つまるところ親の問題であり、家族の機能が働いていないから起こるというわけです。夫婦が協力し合うことができていない。特にお母さんを支えることができていない。子どもは何をしなければ

いけないのか分かっています。学校に行かなければいけないことは分かっている。いちばん大切なのは夫婦が最終的に同じところを見ていて、お母さんが安心すること。そうすれば子どもは自然に学校に行き始めます。お母さんを安心させるために「夫婦で来てください」なのです。

そうは言っても簡単にはいきません。「（夫は）絶対来ないと思いますよ」と言うお母さんが多いのです。「そこをなんとか連れて来てください」「騙されたと思って夫婦で来てください」と強く言って、来てもらう。そうすると、それこそ2、3回来るだけで、ちょっと風向きが変わります。

実際、「最近、少しずつ学校に行くようになったんです」ということがありました。

夫婦間であれ、親子間であれ、うまくいってないところには第三者が入っていくのが有効なことはよくあります。困ったり、悩んだりしたら、もっと他人を頼っていいと思います。

P24で紹介した中2の男の子のお母さんもそうでした。「夫婦で来てください」

と言っても、「(夫は) どうせ私の話なんか聞いてくれませんから」というのが答えでした。そのころにはもう、協力なんかできるわけがないという関係になっていたのです。何度も説得して、ようやく夫婦で来てもらえるようになりました。

最初はぎこちないものでした。日常的に夫婦の会話がないことがよく分かりました。でも、私のような人間が会話の仲介をするだけで、ふたりの関係に変化が生じます。

「お母さんはこういう思いなんですよね?」「お父さんもいっしょにやれるものなら協力したいと思われますよね?」と、補助を入れます。

「どうでしょうか?」「いや、それはオレだって協力したいと思っているよ」と、会話らしくなっていく。完全に断ち切られていた関係にブリッジがかかり出すのです。

結局、この夫婦は協力し合うことができるようになりました。いつのころからか、お父さんのほうが窓口になり、私のところに息子を預けるのもお父さんの役目になりました。仕事の帰りにぶらっと寄って、近況を報告してくれる。「それは妻に伝えておきます」などと連絡役も買って出てくれるようになりました。

その後、その子はうちの塾で掃除やコピーとりをするようになりました。仕事という役割を与えることで人間が変わりました。就職することもできました。いろいろな工夫をして、うまく立ち直った例になりました。

もちろん成功例だけではありません。何度言っても夫婦で来ることができず、最後は家族が今どこにいるのかも分からなくなってしまったというような悲惨なケースもあります。

それにしても印象的だったのは「話を聞いてくれない」というお母さんです。実はこのフレーズは、どんな家庭のお母さんも口にします。このことは問題意識としてずっと私の中に残りました。なぜ聞いてあげないんだろう。聞いてあげればいいのに。そう思ったのです。

比較をするから悩みは深まる

「長女は幼稚園の年少です。幼稚園で先生の言うことを聞かなかったり、先生に注意されてもまったく反省することなく『やだ』などと言います。席に座らずフラフラと歩き回り、あげく教室から出て隣の教室に遊びに行ったりするんです。先生との相性もあるのかもしれませんが、親としてはもう少し言うことを聞いてほしいと思います。年少の子どもに覚えさせるのは難しいのかもしれませんが、きちんとできている子を見ると気持ちが沈んでしまいます」

「小学校に入学した息子の時間の管理に関して悩んでいます。登校前にお掃除の手伝いと、自分でやると決めた勉強をすることにしました。朝やることにしたのは、帰宅後だと疲れてやりたくなくなってしまうことと、学校の宿題などもあるからで、息子と相談して決めました。でも、だらだらと過ごしたり、遊んでしまったりして、勉強をやり残すことがあります。さっさとやれば無理な量ではないはずなのに。帰宅後も、『時計見てる？』『やることやったの？』『やってから遊びなさい』と繰り

返す日々です。まだ小1だとはいえ、こんなに毎日同じことを言わないとできないのは、言うほうも言われるほうも何か間違っているのではないかと悩みます」

「小5の娘はそろそろ成長してもいいころだと思うのですが、毎日同じことを指摘したり注意したりしなければならず、ほとほと疲れます。『朝は7時までに起きる』『自分でやると決めたのだから洗濯物は丁寧にたたむ』『お茶碗は持って食べる』『遊びから帰ってきたら時間をムダにしないで宿題にすぐとりかかる』……。いくら言っても聞き流しているようです。特に勉強に関しては、言わないと自分から始めようとしません。もう高学年なのだからできるはず、というのは親の勝手な思い込みなのでしょうか。辛抱強く大人になっていくのを待たないといけないのでしょうか」

子どもが生まれたときから、お母さんは悩んでばかりです。

何に悩んでいるのでしょう。思い通りにいかないなぁということ、そして答えはどれだろうということに悩み続けているのです。どれがいちばんいい方法なのか。正解は何なのか。よりよい答えを見つけるために比較をします。お兄ちゃんはでき

るのに弟はできない。隣の子はできるのにウチの子はできない。子育てサークルなどで聞く悩みには、そういうものが多い。比較をするから悩みがより深くなるということもあります。

育児本に出てくるあらゆるものが悩みの種になります。「なぜ泣きやまないのか」と悩み、「どうすれば泣きやむのか」と解決法、マニュアルを求めるのは、みなさんに共通しています。「食べない」「寝ない」「好き嫌いが多い」「立つのが遅い」「歩くのが遅い」「言葉が遅い」「おむつがとれない」「上の子が下の子をいじめる」……。悩みの種は尽きません。

最初のお母さん。うまくいかないときに気持ちが落ち込んでしまうお母さんのほうが心配です。これぐらいのことはまったく珍しくありません。もちろん「先生の話は聞かないとダメよ」と伝えることは必要です。先生とタッグを組んで対応するのも手です。ただ、基本的にこれぐらいのことであれば大丈夫です。

お母さんの悩みの種類は子どもの年齢によって変わっていきます。小学校に入っ

てからはやはり勉強についての悩みが増えていきます。

2番目のお母さんは、基本的に幼児、かつ男の子のことが分かっていませんね。お母さんは女性だし、いろいろなことがしっかりできてきたのでしょう。カエルのお母さんがオタマジャクシの息子を見て、「なんで水の中を泳いでいるんだろう」と思っているような状態です。小1の男の子らしい男の子じゃないですか。ただ、やると決めたらやることは大切です。お正月や誕生日をひとつの記念日として、「今日からお母さんはうるさく言わないから自分でやろう！」という約束をしてもいいと思います。特にお手伝いに関しては、決めたのにやらないのはよくないと、厳しく言っていいでしょう。

勉強に関しては「算数が苦手なんです」「成績が伸びないんです」と、みなさん、言います。文章題が出てくるあたりがひとつの山場になります。「文章を読んでないんです」「言えばわかるのに、自分では読めないんです」「いつもケアレスミスばかりします」「読み落としが多いんです」……。文章題が理解できるかどうかは全

科目に響くので、お母さんは必死の思いです。

3番目の相談も、まず「毎日ほとほと疲れています」と言うお母さんのほうが心配です。時間をムダにしないで自分のやるべきことにすぐ取りかかれたらスゴイことです。悩みの内容は2番目のお母さんのものと少し似ていますが、1年生と5年生では状況が異なります。話を聞き流すのは、お母さんがガミガミ言ってきた結果かもしれません。それに慣れてしまってうまくいかないことも考えられます。本人に何か自信のあるものはありますか。ひとつでも自信を持てるものがあるかどうかは大きいです。やはり記念日をつくって、その日を境に「もう5年生なんだから自分で考えなさい」と少し大げさなくらいに伝えることです。この「記念日作戦」で転機を迎えた家庭はたくさんあります。決めたことができなかったら、子どもが外で恥をかけばいい。自分で思い知って、考え抜けばいい。5年生はそういう時期です。

子どもたちには友だちができないという悩みもあります。それが子どもではなく、

実はお母さん自身のことだったということもあります。子どもがらみで、お母さん同士がいがみ合っていることはしょっちゅうあります。「子どもがあんなことしてるのに何も言わないなんて、どういう親なの?」「私にだけ連絡をくれなかったなんて、嫌われているのね」などと、親同士で言い合っている。わざわざターゲットを探して来て、あることないことウワサを立てるようなこともある。一種のいじめです。

案外、子どもはケロッとしているものです。それでもお母さんの口から、「あの子のお母さん、ひどいよね」「あの家の子とあまり遊ばないで」と聞かされると、それを背負うことになります。なんとか友だち付き合いをしようとするけれど、うまくいかない。親の人間関係が子どもに影響してしまうのです。

みなさんが子どもに愛情を注ぎ、子育てに真面目に取り組んでいることは疑いようがありません。だから悩むのです。ところが悩んだことが、必ずしも望ましい結果につながるとは限らない。それればかりか事態を悪化させてしまうこともあるのです。なぜそんなことになってしまうのか。なぜなんだろうと考えました。

ある日見えた核心…母親こそギリギリだった

大半の子どもの問題は、親の問題です。学習塾を開いてすぐ、私はそのことに気がつきました。

「花まる学習会」という学習塾を埼玉県につくったのは１９９３年のことです。小学校低学年の生徒二十数人でのスタートでした。理想的な教室をつくって、１週間に１回、そこで楽しく勉強をすれば、子どもは必ず勉強ができるようになる。自分の経験から私はそう考えていました。

もうひとつ、大それたことも考えていました。私は子育ての最終的な目標は、「メシが食える大人」にすることだと思っています。ところが日本の社会は、メシが食えない大人を量産しているようにしか見えません。ひきこもりやニートの増加。就職してもすぐやめてしまう若者たち。総じて感じる生命力の弱さ……。

なぜこうなってしまったのでしょう。

教育に関して言えば、子どものすべてを肯定的な優しさで受けとめる〝よしよし

主義〟が蔓延しました。その結果、がんばらないといけないという感覚は薄れてしまいました。学校の先生から「がんばらなくていいのよ」と言われて育ったら、「ボク、がんばるのは苦手です」という大人になります。走るのが遅いのも個性。給食で好き嫌いがあるのも個性。「話せば分かる」「心のケアが大事」ということが主流になりすぎたこともあります。ガツンと言うことが圧倒的に足りない。子どもはこうあるべきだという持論もないのです。

そんなことで子どもを「メシが食える大人」にできるのか。そんな問題意識がありました。学習塾を始めたのは、これを実践するためでした。

ところが実際に始めてみると、思ったようにいかないケースが出てきます。特に小学校の低学年がそうでした。

暗い顔で塾に来る子がいます。塾にいる間は実に楽しそうで、元気よく帰って行きます。ところが次の週に来るときはまた暗い顔に戻っているのです。話を聞くと、お母さんからいろいろなことを言われていることが分かりました。NGワードを浴びている子もいました。毎日、お母さんと過ごすことによって、重荷を抱えて塾に

戻って来る。子どもたち自身に働きかけることはもちろん意味があるのですが、根本的にはお母さんが変わらないとどうしようもない。1年もしないうちに、私はそう思うようになりました。

もちろんお母さんにも話をします。「宿題ができないときにはこういう考え方をしたらどうですか」「上の子ばかりにキツい言葉を投げつけないでください」と、相談に乗り、解決策をアドバイスします。すると「そうですね」と言って帰るのです。ところが何もやらない。やはりお母さんに変わってもらうしかない、というのが当時の私の「結論」でした。

お母さんがこちらの言ったようにやってくれないのはなぜか。やれないのはなぜか。そのことが私の中でずっと引っかかっていました。

初めのうちは、失礼にも、きっとダメなお母さんたちなんだと思って見ていたところもありました。自分たちの親の世代に比べると、しっかりした大人が少ないのではと思ったこともありました。でもそれは違っていました。すべてのお母さんたちに当てはまることだと気がついたのです。

心を病んだ子どものお母さんたちも同じです。「子どもを認めてあげる言葉が大切です。ベタ褒めするのではなくて、何かがちょっとできたときに、そこを褒めてあげましょう」とアドバイスをすると、「褒められないいんです」と言われてしまうのです。「はっきり言って、うっとうしいんです、この子」とまで言うお母さんもいました。

なぜ子どもにそんなことを言うのか。なぜこちらが言った通りにできないのか。そう思いながら、私はやはりこれだと思った「解決策」を伝え続けました。「さっさとやればいいのに」と思いながら。

映画『猿の惑星』のラストシーンでは、ニューヨークの自由の女神が見つかり、猿に征服されたその星が地球だったことが明かされます。ああ、これは地球の話だったんだ、今まで別の星の話だと思っていた自分が間違っていたんだということが分かります。私もそれと同じだったのです。

なぜ正しいことをアドバイスしているのにできないんだと、思っている自分のほうが間違っていた……。

「お母さんこそギリギリだったんだ」と見えた瞬間でした。

今から考えれば、私自身は恵まれた家庭環境の中で育ちました。その後、縁あって多くの子どもたちと接し、お母さんたちと接するようになりました。数々の経験と、考え抜いた末の理屈が、私が思っていた「正しいこと」。そこから導き出したマニュアルのようなものが「解決策」でした。

ところが現実のお母さんたちは、そんな話を聞いてもどうにもならないほど追い込まれていたのです。原因は、お母さんの心にあった。

些細なことが心配でたまらなくなるのも、子どもについNGワードを投げつけてしまうのも、子どものケンカのことで学校に乗り込んでしまうのも、根底にある問題はいっしょです。

それはお母さんたちがあまりにも孤独で、安定していないという現実でした。

お母さん自身が悪いわけではないのです。原因は、しいていえば時代の病です。

今から50年くらい前、つまり現代のお母さんのお祖母さんにあたる世代が子育て

をしていた時代の日本は、今とはずいぶん違う社会でした。家族の基本は大家族です。お祖父（じい）ちゃん、お祖母ちゃんと同居をするのがふつうで、子どもの数も多い。ご近所付き合いが盛んで、隣に住むおばさんが遊びに来るというようなことがしょっちゅうありました。若いお母さんがいれば、お祖母ちゃんや近所のおばさんはさまざまなことを教えてくれます。

子育てのアドバイスなど得意中の得意だったでしょう。当時のお母さんたちは、そんな周囲の人々に支えられて子どもを育てました。

こんな仕組みがだんだんと崩れ、50年が経ちました。

お母さんは今、孤立しています。家庭の中に相談できるような相手はいません。夜遅く帰ってきたお父さんに言っても、話を聞いてくれません。近所にあいさつをする人はいっぱいいるけれど、それ以上の話はできません。子どもが幼稚園や学校に通うようになればママ友ができるけれど、本当に腹を割ってしゃべれる友だちはなかなかつくれません。

家事や子育てを自分なりにがんばっているのだけれど、評価してくれる人もいま

せん。掃除して当たり前。洗濯して当たり前。ＰＴＡの活動をして当たり前。塾に子どもたちを送って、迎えて当たり前。これではお母さんたちが追い込まれるばかりです。

お母さんは孤独だから、小さな子どもにも「お父さん、今日も帰って来ないね」とつぶやいてしまうのです。お母さんは寂しいから、不登校になった子に対しても子離れができず、事態をこじらせてしまうのです。あらゆる問題はそこに行き着きます。だからまずは、そんなお母さんのギリギリの状態を直視しないといけない。

繰り返しになりますが、お母さんひとりひとりは一生懸命にやっています。それでも孤立し、不安定な状態に置かれるのは、時代的な背景があるからです。ギリギリのお母さんたちをどこまで理解できるか。それが次の勝負だということが見えてきました。

ズレていく夫婦の感情

「母親の私が感情をコントロールすることができず、小学生になったばかりの娘を激しい言葉で叱りつけてしまうことがあります。子どもが怯える姿にハッとわれにかえるのですが、こんな母親の姿を見て育つと、子どもが成長して同じような女になってしまうのではないかと不安です。周囲に相談できる人がいません。仕事が忙しい夫は帰宅するのが毎日深夜となり、平日はほとんど会話をすることがありません。休みの日に話してみても、『疲れてるから』と、あまり真剣にとりあってくれません」

何をしようが、どんなに爆発しようが、子どもの「お母さん大好き」は変わらないから自信を持ってください。ただ、言葉には気をつけてください。お母さんが安心できる心の居場所を見つけることが大切です。ママ友はいますか。いなかったらつくりましょう。心から話せるママ友がいると、だいぶ違いますよ。必要なのはお

母さんをねぎらってくれる人です。それを分かってくれるお父さんを育てるために、一度、お父さんを父親学級に連れて来ませんか。

「小3の長男を見ていると、同学年の中にひとりだけ幼稚園児がいる感じです。授業参観に行ってみたら、ボーッとしていて、授業に集中できていません。障害があるのかと思って、検査を受けたこともあります。担当の方は『まったく問題はない』と言うのですが、親としては、性格の問題では収まりません。幼児性が強く、すねたりグズグズしたりします。行動もトロくて、のろい。学校の用意も、放っておくと1時間もかかります。勉強では、漢字の練習がイヤでイヤで、毎日が親子ゲンカです。友だち関係についても、学校では遊んでいるらしいのですが、帰って来てから友だちと遊ぶことがありません。遊ぶ約束もしてきません。約束したと自分だけが勝手に思っていて、公園に行くと誰もいなかったと言って帰って来たこともありました。毎日子どもといると、とても疲れます。どう育てていけばよいか分かりません」

友人関係では、扱いづらい子だと思われているのかもしれませんね。勉強については、泣こうがわめこうが、漢字はしっかりやりましょう。最低限、漢字をやることが大切です。授業中は「お客さん」にならないよう、個別に見たほうがいいかもしれません。お母さんひとりで抱え込まず、どんどん周囲に頼ってください。学校の先生、われわれのような塾、そしてお父さん。お父さんがどう協力しているのかを知りたいですね。お母さんは支えてもらえているのでしょうか。そこが分からないとなんとも言えないところがあります。

不登校になった少年が立ち直ったエピソードでも、お父さんの役割がいかに重要か、分かってもらえたと思います。

子どもが不登校になると、お父さんは一般的にどのような行動に出るのでしょうか。

小学生の子どもがこの2、3日、学校に行けないでいたとします。お母さんからは「あなたも何とか言ってよ」と言われるでしょう。

たいていのお父さんは、あまり大きな問題だととらえません。「そういうことも

あるよ」「でもそのうち行くようになるんじゃない?」「あたふたしなくても大丈夫だよ」「いろいろあるんだよ、言えないことも」……。あまり深刻にならず、様子を見ようとします。

自分の学校時代の記憶から、いじめのようなことがあった場合、放っておいてもそのうち解決することが多いということを知っているのかもしれません。こんな受けとめ方は間違ってはいません。あまりあせって騒ぎ立てないほうが得策なのはたしかなのです。ただ、それをそのままストレートにお母さんに言うと、「あなた、本気でそんなこと言ってるの?」ということになってしまいます。

一方では、他人事とまではいかなくても、面倒なことが起こったな、早く解決してくれないかな、という気持ちもあると思います。お母さんはそのことに敏感です。

ここでお父さんが言う「解決」とは、子どもがさっさと学校に行くようになることです。お母さんが「何とか言ってよ」と言うのは、どうすれば子どもが学校に行くようになるのかという相談だと思っているのです。

本当にそうなのでしょうか。お母さんはそれを求めているのでしょうか。

お母さんはわが子が苦しんでいることが分かります。何が起きたのか、心配で心

れています。

配で、たまりません。でも誰にも相談できず、精神的にとても不安定な状態に置かれています。

実はお母さんがお父さんに求めているのは、「私の心配や不安を分かってほしい」ということなのです。お母さんがホッとするだけで、子どもは自然に学校に行くようになる。こんなケースをたびたび見ていると、答えは明らかです。

言い方の問題もあります。「だったら連れて行ったらいいだろう」と言うお父さんもいます。学校に行かなくて困っているのだから、無理やりにでも行かせてしまえばいい。こんな理屈です。お母さんはどう思うでしょう。「この人は自分の不安を受けとめてくれない」という信号として、受け取るのではないでしょうか。「そもそもあの人に言ったのが間違いだった。私、ひとりでがんばります」となりませんか?

解決しようとするお父さんと、分かってもらいたいお母さん。このすれ違いはずっと続きます。

不登校が1週間、2週間と続くと、さすがにお父さんものんびりとかまえていら

れなくなります。お父さんだって、子どもに学校に行ってもらいたい気持ちには変わりがありません。お父さんはより熱心に解決策を探すようになります。こんな場合はどうしたらいいのか。インターネットで検索したり、本を探してきたりします。そんな情報はむしろお母さんを苦しめることもあるのですが、お父さんは「子どもが学校に行けるようになる」というゴールに向けて一直線です。

お母さんから「学校でこんなことがあったらしい」という話を聞くと、「学校のどこかに問題があってこうなったのだから、学校側で解決しろ」と、学校を糾弾しに行くお父さんもいます。悪気はないのですが、こうなったら事態はどんどん悪化していきます。本人は「妻と子のために言ってやるんだ」とヒーローになったつもりですが、目的が明確なぶん、一方的に「どうしてくれるんだ」と責め立てます。

でも、お母さんが求めているのはそんな解決策ではない、ということが分からない。お母さんの気持ちを思いやり、「おまえも大変だよな」とねぎらいの言葉をかけ続けることが大切なのに、それが見えない。がんばってインターネットで情報を集めても、ポイントはそこではないのです。

時間とともにお父さんとお母さんのズレは大きくなります。思春期以降の不登校が深刻になりがちなのは、このこととも関係があります。夫婦の間の「協力し合おう」という気持ちは薄らいでいます。

長い間、不安定な状態にさらされてきたお母さんは、お父さんに支えてもらうことなど、とうにあきらめ切っています。応援してくれるわけがないと思っています。そして女性はきっぱりと決断します。離婚だって決めるのは女性のほうです。お父さんは「なんとかこのままうまくやっていければいいだろう」と思っていても、お母さんは拒否します。ある一線を越えたときに、空気もいっしょに吸いたくないと思うようになります。お金さえ入れてくれれば家に帰って来なくていいぐらいに思ってしまいます。こうなると、話し合いの余地さえなくなってきます。もう子どもの問題の長期化、泥沼化は避けられなくなります。

帰宅不能症候群…お父さんも限界だった

子どもの問題はお母さんの問題。お母さんの問題はお父さんの問題。結局、お母さんを支えられないお父さんが悪かったのでしょうか。

私も初めはそう思っていました。仕事柄、私はお母さん側の話ばかりを聞いてきました。お母さんたちがこんなに追い込まれているのに、なぜお父さんたちは支えてあげないのだろうと思っていたのです。

ある意味で、働いているお父さんは恵まれています。職場という空間があり、仕事をすればそこで認められます。やりがいもあるだろうし、出世するというような目標もあるでしょう。家庭にいるお母さんには、そんな逃げ場所はありません。お父さん、それを分かってあげてくださいよ、というのが私の最初の「理解」でした。

がんばって外でバリバリ働くのがお父さんの仕事。子育ては基本、お母さんの仕事。いまだにそう思っている男性もいますが、それは50年前の感覚です。お母さんをほかの家族や近所の人たちが支えていた時代の話です。お母さんがひとりになっ

てしまった今、お父さんにも相応の役割があるはずです。

　お父さんたちの話に耳を傾けてみましょう。

「ここ数年、全体の仕事量は変わらないのに社員の数が減り、残業や休日の出勤が増えたため、家族と接する時間が明らかに減っています。息子が小学生になったとき、日曜日に勉強を見るという約束をしたのですが、だんだん曖昧(あいまい)になってきました。会社では部下の話を聞くことをポリシーにしているのですが、なぜか家ではできません。妻があれこれ言ってることも、つい聞き流してしまいます」

「男兄弟の中で育ったせいか、娘たちとの付き合い方が分からず悩んでいます。妻から『休みの日ぐらいいっしょに遊んで』と言われるのですが、何をしたらいいのか分かりません。小5の長女が最近、よそよそしいのも気になります。いっしょに外出したとき、手をつなぐのを露骨に嫌がるようになりました（母親とは喜んで手をつないでいます）。家にいても居場所がないように感じます」

　お父さんにも同情すべき点があります。仕事をする以外にも役割があると言われても、仕事のほうで手一杯になっているお父さんは多いことでしょう。

一方で、世の中には帰宅不能症候群に陥っているお父さんたちがいるといいます。仕事が終わっても家に帰りたくない、帰れないというお父さんたちです。原因のひとつはお母さんにあります。追い込まれているお母さんは、お父さんにあたります。お父さんからすると、常にイライラしているように見えます。わざと嫌がることをしているようにも見えます。

家に帰ってテレビの前でのんびりしていると、「何、ダラダラしているの？」と詰問されます。「のんびりしてる」とはとても答えられない雰囲気です。疲れているのに、次から次へと用を頼まれます。「新聞、片付けて！」「靴下、洗濯機に入れる！」「お風呂掃除、お願い」……。面倒くさいというのももちろんありますが、そもそもなぜ今やらなければいけないのか分からない用事もあります。でも「あとでやっておくよ」なんて答えたらどうなるか分かりません。毎日がこれでは、とても休まるどころではありません。家庭が本来のくつろげる場ではなくなっているのです。

お父さんたちは「なんでこんなになっちゃったのかな」と嘆いています。「昔はかわいかったのに、鬼みたいになっちゃったな」「オレはハズレくじを引いたのか

な」などと見当はずれなことを言っています。

お母さんに「家庭ではくつろげるようにしましょうよ」と言っても何も解決しません。孤立化したお母さん（私はこういうお母さんたちを「孤母」と呼んでいます）は、それどころではないからです。


お母さんたちを対象にした講演をやるようになって十数年。リクエストがあったのでお父さんを対象とした父親学級を開くようになりました。ずっと悩んでいるお母さんたちを見てきた私は、「だからお母さんの話を聞いてあげなさいよ」と、偉そうに語りかけていました。

でもあるとき、ひとりのお父さんから、「いや、男だって孤独なんですよ」と言われました。それにうなずく人も多かった。「先生はお母さん側についているだけでしょう」と言われたこともあります。だんだんと見えてきました。

お父さんたちも追い込まれていたのです。

誰も助けてくれないお母さんの問題を中心に、大人たちがみな幸せになれないでいる。そう分かったのです。

文章題の指導は、母親以外がよい

小学生を対象としたとき、文章題こそは、心して指導すべき項目です。なぜなら、文章題指導においてこそ、母親はわが子の自信をなくさせ、決定的に勉強嫌いにしてしまう例が、非常に多いからです。

保護者のよくある失敗は、計算や漢字ができたことの延長線上で文章題をとらえ、同じようなアプローチ（単純な繰り返しの練習や叱咤激励）をすればできるはずだと考えることです。

勉強する子どもの横について「この子のため」と一生懸命教えるのだけれど、途中から感情的になってしまい、「なんで分からないの？」「ちゃんと読んでる？」「あんた、同じことばっかり何回言えば分かるの」と、どんどん叱咤がエスカレートするパターンです。

これでは、小学生時代に育まなければならない最重要課題＝「やる気」が育つどころか、根元からへし折られるようなものです。中には「あんたバカじゃないの」などと、ひどい言葉を放つお母さんもいます。

どうしてでしょうか。それは、それまでの計算・漢字に代表される知識や作業力の習得とは異なり、文章題は、格段に高度な「思考の壁を突破する能力」を必要とするからです。

まず第一に、「基本的語彙力」が必要です。たとえば「並木道」というたった一語が分からないと、問題全体で言われている意味が把握できなくなります。

第二に、「仕事のように集中して文章を精読する力」を必要とします。よく「ウチの子、本は読むんですけど文章題ができないんです」とか「文章題ができないのはやっぱり本を読まないからですよね」という声を聞くのですが、どちらも的はずれです。好きな本を読むときは、そこそこの集中でストーリーをとらえて、主人公になり切り、うっとりと気持ちよくなっている状態です。これに対して文章題は、「仕事のように」「一字一句読み落とさないように集中力を高めて」読まなければなりません。本を読むことと文章題を読み取れることは、自転車に乗れることと一輪車を乗りこなせることの違いに似ています。まったく別のカンを培わなければならないのです。それなのに「ちゃんと読みなさいって言ってるでしょう」という言葉とともに、いたずらに意欲の芽をつぶしてしまうお母さんが、なんと多いことか。

第三に、読みながら場面を「映像化」する力を求められます。イメージ力です。これがないと、条件を整理したり、式を立てたりすることはまったくできません。ちなみにこの能力は、外遊びを中心とした遊び込みや、生活経験など、体験量の

豊富さによって培われるものです。ドリルではなく、モノそのものに遊びのように触れ、実際に自分の体を動かすこと。五感をフルに使い、たくさんのものを見たり聞いたりすることによって育まれます。

第四は、映像化した頭の中のイメージを、「描く力」です。場面を写真風に簡単な絵で描いてみたり、線分図や表やグラフのようなもので、抽象化して分かりやすく表現したりすること。文章題ができない子どもたちの非常に大きな特徴は、「手が止まる」ことです。こんな子どもに向かって、「図を描きなさいって言ってるでしょう」と何度伝えても、効果は望めません。描くべき図が頭に思い浮かばないから、困っているのです。

第五に、問題作成者の狙いのようなもの=言いたいことを、心の目でつかまなければなりません。「ははあ、いろいろ出てる数値に惑わされずに、男の乗客数だけに注目しろってことだな」というように、要点・狙いを把握する力です。問題と対話する力とも言えるでしょう。

第六に、「最後までやり切る力」も求められます。仕事のように詰めて読み切って、図を描き、考え抜き、立式をし、計算でミスをせず、解き切る。そこには「集中の持続」というテーマがあります。ボーッとしたり「ま、いいやもう」とあきらめたりせず、最後まで考え抜くこと。私は「意志力」と呼んでいます。小さいころに迷路やパズルなどを主体的にのめり込んでやることは、この力の育成に貢献します。教えようとすると「言わないで」と自力で考えようとする子は、大いに見込みありです。

このように、文章題を解く力をつけるというのは、甘くないのです。お母さんたちは、この点をよくよく把握した上で、「わが子の文章題指導」には慎重であってほしい。カッときてキレてしまうのがオチなのだから、できればやらないでほしいとすら考えています。

ある会社の社宅で、わが子同士を夕刻の小一時間交換して、文章題を教え合ったら、どちらも見違えるほど伸びたということがありました。よその子には、冷静になれるのですね。

文章題指導は母以外の人がよい。お父さんのほうがまだましで、できれば第三者に任せるのが最適、という話でした。

Column

「花まる」の現場から❶

ある夜の夫婦の会話

今から数年前のことです。

拙著『学力がケタ違いにのびる算数脳の育て方』（幻冬舎）が出版されたその日、御茶ノ水駅近くの書店「丸善」で、その本を立ち読みする女性に出くわしました。自分の著書を立ち読みする人を、すぐ真横で観察する経験は初めてのことでしたから、傍目には、さぞぎこちなく映ったでしょうが、読みもしない文庫本を手に取ったりしながら、私は彼女を見ていました。

インテリ風のその女性は、時間を割いて算数のページを読み込んだのち、外遊びのページを見て何度もうなずき、NGワードを描いた4コマ漫画では、体を揺らして笑ったり、額に手をやって「これ、私だわ」とでも言うように、かぶりを振ったり……。

これは間違いなく買ってくれる！　と手応えを感じていたのですが、結局ヒョ

イ！と元のところに本を戻して、去ってしまいました。残念でした。

さて、いくつかの著書を出し、それがメディアで取り上げられたり、会社の規模が拡大することは有難いことなのですが、一方で大きな課題が出てきました。

それは、今まで関係があった人たちとの距離感です。

人は、心の距離が少しでも離れたと感じると不快に思う。これは、私なりの人生セオリーのひとつです。

10メートルが11メートルになっただけで、それは1メートルぶんの不満ではなく、好意がガラリと悪意に変わるくらいに変化する。近づくときは喜びでいっぱい、安定期はつつがなく進行しますが、いったんちょっとでも「離れた」と感じると、関係の修復が難しくなる。

悪気など何もなく、ひたすら仕事に打ち込んでいるだけなのですが、昔からお付き合いのある保護者に「このごろ来てくれませんね」とか「お忙しいみたいですね」などと、皮肉っぽく言われることがあります。

ミーティングや飲み会の頻度が下がってしまったと気にしていたところ、スタ

Column

ッフに思わぬ不満を言われたこともありました。

こんなとき私は、プラス思考というか「先人たち、いろんな企業や組織の創立者も、まさにこんなステージを乗り越えていったのだろうから、私だってできるだろう」と考えるのですが、やはり目下の大テーマです。

そんな中、夜遅く自宅に帰って風呂から上がると、妻が先ほどの著書の「父親の役割は妻のカウンセラー」というページを眺めています。ギクッ！と思った瞬間、「このページを拡大コピーして壁に貼っとかなきゃね」と言われました。

講演会では偉そうに話をする私ですが、現実はこんなものです。

それからしばらく雑談交じりに、ふたりで男女の役割などを話し合いました。

私が「男はただ家庭のためにがんばりたい生き物なのだ」と言ってみますと、「一般論だけどね」と前置きした上で、妻にこう言われました。

「家族のために働いてくれてるのは分かってるけど、女から見ると、必要なぶん働いたら家庭のことだってやってほしい。でも男って、あるところから先は夢だったり、プライドだったり、単に仕事が好きだったり。それで時間が足りなくな

っているのかもしれないのに、『家のためだ』なんて言われたって、女の人は納得できないと思うよ」

ワーカホリックの自分には、立ち止まって考えるべき問題のように思いました。

父親のみなさま、いかがですか?

Column

「花まる」の現場から❷ 堂々たる「太陽ママ」

新年度が始まり、親子ともども緊張した毎日がようやく落ち着いたかな？　というころに、ゴールデンウィークがやって来ます。これが実にクセモノで、お休みの直後に「学校に行きたくない」などと言い出す子も出てきたりして、緑まぶしく美しい季節なのに、教育現場は、案外やっかいな時期でもあります。

同じように「行きたくない子ども」でも、ひとりひとりの心には、異なる糸がからまっています。注意深く対応しなければなりません。

4月の第1回目の授業でのことでした。

小学1年生の男の子T君。クニャクニャしていて、ピンとした姿勢が保てません。保つ気力がない感じです。まったくやる気もないようで「だいたい、お母さんが勝手に申し込んだんだもん」「やりたくない」「ヤだヤだ、もう帰る～」と。

若い講師は、勉強をさせるというより、教室に居させることだけに手を焼いて、

その日は終了しました。私は、ある見当をつけて、彼の横に座りました。

「弟か妹がいるかな？」

「えっ？」という顔をして、T君はうなずきます。

「いくつ？」

「年少さんと赤ちゃん」

「そっかー、じゃあいっつも、弟君たちにママを取られているんじゃない？」

「……うん」

「そういうの、悔しいんだよねえ。先生もそうだったもん。2歳下に弟がいてさ、弟ばっかりかわいがられてね。悔しかったなぁ」

T君は私の顔を、じ〜っと見つめています。もうこれで十分。

「じゃあまた来週ね」

と言うと、私はニッコリして片付けを始めました。

翌週、教室にやって来たT君は、別の子じゃないかと思うくらい積極的になって、『さくら』（物語の内容をクイズにする教材）の質問にも、真っ先に手を挙げ

Column

て正解すると「こんなの、かんたんだ〜！」と歌いながら、踊り始めました。

あのとき、T君に「将来、大事なんだぞ」と諭したり、「そんな態度じゃダメだ！」などと叱ったとしても、効果はなかったでしょう。

小学1年生は、なんと言っても、お母さんなのです。「勉強をイヤがること」をほじくり返しても何も出てきません。

「お母さんに、もっとかまってほしい！」という、彼のいちばんのこだわりに焦点が当たって、そんな自分を分かってくれる人が出現しただけで、もともと彼の中にあった「やる気」が顔を出し始めたのです。

もうひとり、小学1年生の男の子M君。彼は、男三兄弟の末っ子です。私は、お兄ちゃんふたりを知っていたため、少々油断していたのですが、入塾して2回目の授業には、お母さんに手を引かれてベソをかいているM君がいました。

「『行きたくない』って言うんですよ」とお母さん。

しかしその顔は、ニッコニコの笑顔です。ここが3人を育てているお母さんの強みです。まるで動じません。「行かないなんて選択肢はないのよ」という、穏

やかな中にも毅然（きぜん）たる態度と「心配ならそばにいてあげるよ」という大きい愛情が、両立、並存していました。

こんなときオタオタして「事件」にしてしまうと、長引くケースも多いのです。子どもたちは、自分が不安なときに揺るがないお母さんがそばにいて、手をつないでくれるだけで十分。そこで、社会に出る機をうかがっているのです。

彼らは、ずっとそのままそばにいたいとは思っていません。安心できるママのぬくもりで自信をつけたら、外に行きたくなります。友だちをつくったり、遊んだり、勉強したくなります。

M君のお母さんは、理想の対応をしました。詮索したり嘆いたりせず、堂々たる「太陽ママ」として、ただ手を引いて連れて来てくれました。

3回目の授業では、M君の不安な表情は和らいでいました。5月の連休明けには、気合い十分の瞳で挨拶して教室に入って来る彼がいました。

あとでお母さんに聞いてみると、教室の前の横断歩道で手を離して「お母さん、もう帰っていいよ」と言い放って、教室に向かって走り出したそうです。

Part 2

うまくいかない結婚後

愛や恋は遺伝子プログラム

子どもの話をしながら、いろいろな夫婦を見てきました。結論から言うと、これまでの経験上、９割の夫婦はどこかしらうまくいっていないように見えます。うまくいっている夫婦は顔を見ただけですぐに分かります。微笑んでいるし、波長が合っているから安らぎが感じられるのです。でも、そんな理想的な関係が築けている夫婦は少数派です。中にはほとんど関係修復が不可能になっている夫婦もいます。

そしてその両極端の間に、「うまくいってない、うまくいってないと言いながら、その顔は信用しているのでしょう」と思うお母さんや、「うまくいってないとは言わないけれど、何も期待してないんでしょうね」と思うお父さんがいる。「この人のことがときどきイヤになる」と言う人がいるし、「結局、何を言っても変わらないから」とあきらめて暮らしている人もいます。

「うまくいってない」にも、いろいろな段階があるのです。

「主人は子育てに消極的で、休日もほとんど娘たちの相手をしてくれません。たまに公園に行っても、娘たちが遊んでいるのをベンチに座って見ているだけです。以前、自分も親に遊んでもらった記憶がないと言ってました。子どもとの遊び方を知らないようです。上の娘が最近、『パパはイヤ』『パパ、キライ』と言うようになりました。私が主人へのグチをつい娘に言ってしまったりするせいかもしれません」

「もともと子育てに悩んでいたのですが、夫の転勤で地方から首都圏に引っ越してからは、八方塞がりになってしまいました。公園や幼稚園では、気がつくとほかの子につい声をかけています。息子の友だちになってくれるかもしれないからです。田舎(いなか)ではみんなそうしていたのですが、都会では奇異の目で見られます。夫も理解できないようです。息子とずっと1対1でいることのつらさを、夫に訴えたこともあります。『泣いて訴えるぐらいだから寂しいんだろう』ぐらいに思っているようです」

「夫は海外に単身赴任中で、日本に戻って来るのは年に3、4回です。そんなときに『子どもがゲームでばかり遊んで、外遊びをしない』というような相談をしても、些細なことにしか見えないようです。『子どもは放っておいても育つ』が持論で、

それを押し通そうとするのです。少しでも反論すると『だったらお前が稼いでくれよ』『黙ってオレの言う通りやっていればいいんだ』『これぐらいのことも分からないのか』と言われ、口論になってしまうので、最近は何も相談しないようになりました」

「主人は超のつく名門私立高校から東大に進み、一流といわれる企業に勤めています。近くに住む義母も名門の女子大出身で、娘が1歳のころから『中学は私立』と言われ続けてきました。私は田舎の学校で、のんびり楽しく、いろいろな経験をして育ってきましたから、日々違和感を感じ、なんだかなぁという思いでいっぱいでした。娘が2年生になり、周囲で中学受験をする友だちには、受験用の勉強を始めた子もいます。娘は運動や音楽が好きでのんびりした性格です。まだ受験のプレッシャーなどかけたくないのですが、主人や母からは『早ければ早いほどいい』と言われて悩んでいます」

程度の違いこそあれ、こんな悩みを持つお母さんは多いのではないでしょうか。

でもここから、修復ができないほど関係がこじれてしまうまでは、アッという間で

す。典型的なのは次のような夫婦です。

お父さんは有名大学出身のエリートで、理系。過去にこれといった挫折経験がなく、自信があって、自分のほうが間違っているとはつゆほども思いません。上から目線の人で、お母さんを含めて他人にはつらくあたりがちです。そもそも常識がありません。塾の女性の先生など若いお姉ちゃんとしか思っていないので、「あんたたちに何が分かるんだ」という態度です。「そういうことではないんです」といくら説明しても、分かってくれません。

それに対してお母さんには引け目があります。子どもに何か問題が生じたら、それは自分のせいではないかとどこかで恐れています。見栄もあって、いい家族を演じよう、演じようとします。いい家族だから、われわれの相談にも「ほら、ちゃんと主人を連れて来ましたよ」とやって来る。「家ではいつも、今度の夏休みはこんなことをしようと話し合っているんです」などといろいろなエピソードを連ねて、「だからウチはこんなにハッピーなんです」とアピールします。

ところが子どもに話を聞くと、全然そんなことはなくて、いつもケンカばかりしていると言います。お母さんは弱みをさらけ出すことができないのです。家庭に殺

伐とした雰囲気が流れているのが想像できます。この子は一時期、家庭内暴力を振るうようになりました。

あとになって聞くと、お母さんはそんなお父さんを「殺してやろうかと思って殺人の方法まで考えました」と言っていました。実行しなかったのは子どもがいるから。それが唯一の理由だそうです。

お母さんは、そんなお父さんを誰かに押しつけられたわけではありません。愛し合って結婚したはずのふたりが、わずか10年後にどうしてこうなってしまったのでしょうか。

実際には離婚する夫婦もたくさんいるし、仮面夫婦のようになっているケースはさらに多くあります。

今や多くの人は、結婚は恋愛の延長線上にあるものだと思っています。大人になって恋をして結婚式を挙げるというのがハッピーエンドの物語です。

よく見かけるのは、こんなふたりです。恋や愛のその先に結婚があって、だけどそのイメージは霧がかかっていてよく見えない。でも、自分は相手のことを永遠に

愛していると思っているし、相手も自分のことを永遠に愛してくれると思っている。だったらこれが幸せな結婚にならないはずがないと、若さのエネルギーで結婚になだれ込む。そしてしばらくすると「こんなはずじゃなかった」とがっかりする……。こんなパターンです。

そもそも男が女を好きになる、女が男を好きになるというのは、生物としては織り込み済みのプログラム。そのために大人になると女性は女らしい体つきになり、女らしい声になる。男性は男らしい体つきになり、男らしい声になる。それでお互い惹(ひ)かれ合う。オスのカブトムシとメスのカブトムシをいっしょにすれば交尾をするのと同じメカニズムです。

本やマンガ、テレビドラマの恋物語は、基本的にそのうちのいいところ、美しいところしか描きません。だから女の子は「いつか王子さまが現われてくれるわ」と思うし、男の子は「AKBみたいな彼女ができたらいいな」と思います。しょせんはこんなレベルです。

問題は、メディアから流れてくる結婚に関する情報が似たり寄ったりなことです。

結婚式がどれだけ感動的かを伝え、新生活への幻想を振りまきます。それを信じて「結婚とは、毎日ピアノを弾きながら王子さまが帰って来るのを待っていること」とまで思っている女性はさすがにいないでしょうが、勝手に過剰な期待をして、「こんなはずじゃなかった」と幻滅する人が多いのもたしかです。

結婚は約束事にすぎない

「主人とのの関係は劣悪で、そのことが息子に悪影響を与えていると思うと、いたたまれなくなります。ぎくしゃくしたのは子どもが生まれてからです。何事も育児を優先する生活になると、それが気に食わなかったのか、夜はお酒を飲んで帰って来るのがふつうになりました。文句を言っても仕事のせいにしたり、聞き流されるのがイヤで、何も言う気にもならなくなりました。今ではほとんど夫婦らしい会話はなくなり、夫はイヤなことがあるとプイと家を出て行ってしまうこともあります。私はもうあきらめて、何とも思わないようにしているつもりですが、やはりイライラして息子にあたってしまいます」

「主人が家にいると、それだけで暗くなります。真面目で優秀なエリートサラリーマンで、そこに惹かれて結婚をしたのですが、今はただ窮屈で面白みがない人間に見えます。息子の教育には関心があるようですが、私の意見はいっさい聞かず、人を成績でしか見ていないようなところがあります。成績が悪かったときなどは息子

を厳しく叱責し、私の日ごろの教育がいかになっていないかを、ネチネチと責められます。『お前の血が入っているからだ』と言われたこともあります。息子にはこういう男にはなってほしくないと思っており、そのためには別居をしたほうがいいのかもしれないと考えています」

極端な例を紹介しているわけではありません。子どもに関する相談をきっかけに、お母さんたちの話を聞いていると、最後の最後でどうにか踏みとどまっている夫婦が、どこにでもいることが分かります。

そもそも結婚とは、何なのでしょう。

自分の両親を見ていたらだいたいのところは分かる。それはそうなのですが、若い人は夢を見がちだから、ついつい自分たちは違うと思ってしまいます。

ただ、比較的うまくいっている夫婦の話を聞いていると、お母さんが、そのお母さんから、結婚生活、特に夫との付き合い方についてアドバイスを受けていることが多いのに気がつきました。結婚は恋愛とは別と見極めて、期待しすぎないように。

「男なんてその程度のものだから、適当に〝ヨイショ〟しておけばいいのよ」みたいなことです。

子どもができて、ママ友という仲間ができると、ママ友同士でいろいろな話をする中で、「夫婦もああはなりたくないわね」なんて嘆いたりしながら、少しずつ現実を受け入れるというケースもあります。

どうにもならないのは「昔はあんなにかまってくれたのに……」「昔はあんなにかわいかったのに……」「昔はあんなに私のことを好きだと言ってくれたのに……」「愛は終わっちゃったの……」「ひどい……」などと、恨みがましく過去の恋愛時代と比較しているふたりです。

たしかに結婚というのは、お互いに好きになったふたりがくっついて、いっしょに住むようになることでもあります。本能的にセックスをして、子どもをもうけたという縁で結ばれている状態でもあります。でも結婚というのは、本能でするものというよりは、社会的な約束です。国によっては一夫多妻を認めているように、たまたま今の日本が定めている約束事にすぎません。

約束事だから、本来、我慢しなければいけないことだらけです。

四国に講演に行ったときのことです。いつもと違って、それは市が金婚式のお祝いでおじいちゃん、おばあちゃんを招いたものでした。私はそこで、ふだんお母さんたちにしているように、今、夫婦でいることがいかに難しいかを話しました。夫は妻が分からない、妻も夫が分からない、と。すると、出席してくれたおばあちゃんたちがこんな感想を言ってくれました。

「昔から、ある程度そうですよ」

「私らだって我慢してきたんだから」

「今はみんな我慢しないで別れちゃうのよ」

昔の人は我慢をしてきた。離婚というのはまだ恥ずかしいこと、罪悪だと考えられていたから、想定外だった。いいか悪いかは別にして、逃げ場がないから我慢するしかなかったというわけです。それでも我慢して50歳を過ぎたころになれば、「男ってそういうものなのね」「夫婦ってこんなものか」と思うようになる。あきらめて現実を受け入れる。たしかにそんなものかもしれません。

お互いもう恋心はなくなった？　それはそうでしょう。愛は終わった？　そんなものはいつか必ず終わります。本当に大事なのはそこからです。信頼で結ばれたパートナーとして、本当にがんばらなければいけないのはここからです。

約束事にしかすぎない結婚なのに、互いに自分の権利ばかり主張している。「あんただってこういうことをやっているじゃない」とか、「妻だったら当然こうあってしかるべきだ」などと言い合っていては、うまくいくわけがありません。

離婚の自由度が増した今の時代に、実はお母さんがいちばん安定していられるのは、バツイチ同士の夫婦ではないかと思います。お互いに一度懲り懲りして、「男（女）なんてこんなもんだ」と思って付き合い出したから、期待しすぎず、もたれかかりもせず、案外、いい距離感を保っています。

極論を言うと、子どもにとっていちばん大事なのがお母さんの安心と笑顔であるとするなら、１回は離婚をするのも「あり」かなと思います。世間体を気にして別れられない夫婦のほうが、深刻度が増すこともあります。むしろ内心、離婚をしたほうがいいのにな、と思う夫婦もたくさん見てきました。

「子どものために離婚だけはしない」というお母さんがいますが、子どもたちの肉声を言わせてもらうと、この言葉ほどイヤなものはない。私をダシにしないで。お母さんはお母さんの幸せをちゃんとつかんで。それが子どもたちの願いです。小学5、6年の女子になると、「新しいの、行きなよ」と平気で言います。

離婚をすすめるわけではありませんが、この本を読んでもまったく意識改革ができない人が相手だったら、「次の人でがんばる」というのも悪くない選択肢だと思うのです。

コンプレックスは宝物

「近くに公園があるのに、息子は友だちとちょっと離れたところにある空き地で遊びたがります。いくら『危ないからやめなさい』と言っても聞きません。ふだんは素直に言うことを聞くのに。友だちが悪いのかもしれません」

お母さんは男が分かっていません。きれいに管理された公園より、少し危ないぐらいの空き地のほうに魅力を感じる息子さんたちは正常です。くれぐれも「悪い友だちと遊んじゃダメ」などと言わないようにしましょう。

「小3の娘が『○○君と付き合おうと思う』と言うのを聞いて軽くショックを受けました。しかも妻が『××君のほうがカッコいいと思う』とか言い出して、品定めをしたりしています。付き合うというのがどういう意味か、分かっているのでしょうか」

お父さんは女が分かっていません。女の子が男の子の品定めをするのはふつうの

ことです。しかも品定めはずっと続きますので、聞きたくなくてもあきらめましょう。さすがにお母さんは女の子のことがよく分かっていますね。うまくやっていると思います。それにひきかえお父さん、付き合うというのがどういう意味か、分かっているのでしょうか。

カエルとオタマジャクシの話をしました。カエルの大人から見たら、子どものオタマジャクシは分からないところだらけだ、という話です。そこに異性という要素が加わると、さらにややこしくなります。お母さんが息子を、お父さんが娘を理解できないというのはよくあるケースです。血を分けた、ずっといっしょに暮らしてきた親子でさえそうなのです。

小学校低学年の子たちを見ていると、仲のいい男子同士、女子同士が集まって「女子ってズルイよね」とか「男子ってバカだよね」とやり合っています。お互いに種族が違うということを明らかに感じています。

4年生ぐらいになると、どうも自分が好きになるのは確実に向こう側の人らしいという感覚も生まれ、異性の目を意識し始めます。徐々に異性の勉強を始めるので

す。「モテる・モテない」が出てくるのもこのころ。スポーツマンはモテるし、顔立ちのきれいな女の子はモテる。明るい子、笑いを振りまける子もモテます。ただこの年代の「モテる」は人気があるのと同じくらいの意味。このころの初恋などというのはそのうち、スーッと消えていきます。

思春期になると、「モテる・モテない」の問題は本人にとってはけっこう深刻です。モテないことほどつらいものはないと思うようになります。「オレはこんな顔だからモテないんだ」と、くだらないことで悩んでしまいがちです。

思い切って告白をすると、「ありがとう、でも友だちでいたいの」と、適当な距離感をとってくれる人が大半ですが、中には「あんた、何言ってんの?」とあざけり笑うような美人がいたりします。これには、ガクンときます。男にとって、心の中にコンプレックスとして残ります。

女の子もフラレるのはショックですが、何の傷にもなっていないことがほとんどです。いちおう泣いてみせて、友だちとなぐさめ合戦をやって、チョコレート食べて、はい、終わり。むしろそれぞれの物語を満喫し、ネタとして言い合っている。昔も今も、コミュニケーション能力では男子は女子にかないません。

いずれにせよ、モテたり、モテなかったりするのは、ある年齢に達したら自然に直面することです。私は、小6の子が卒業するときに、コンプレックスは宝物だ、という言葉を伝えます。コンプレックスを抱いて自分の内面と向かい合うことによって磨かれるものがある。イヤなことに直面することだって必要です。

異性理解は育った環境によっても違います。姉妹がいる男性や、兄弟がいる女性は、やはり異性のことを知っています。付き合い方にもソツがありません。男子校出身者、女子校出身者は異性と適度な関係を築くのが苦手なこともあります。

私がデスクに若手の女子社員を呼んだときに、彼女が立つ位置で女子校出身者だと分かることさえあります。苦手なことは、経験を積むことによって解消するしかありません。

異性と付き合えない若者たち

最近、気になることがあります。生身の異性と付き合う気がないという10代が3割、4割にのぼるという記事が新聞に出ていました。現場にいると、そうだろうなと実感することがよくあります。

「花まる学習会」のある教室には、若手のアルバイト講師が10人ぐらいいます。みんなで打ち上げの飲み会をやったときに判明したのですが、ほぼ全員、異性と付き合ったことがない。20歳前後の、それなりにイケメン、それなりにかわいい女の子ばかりなのにそうなのです。

かつての教え子で、頭もいいし、ハンサムだし、こいつは将来モテるだろうなと思っていた男の子が、大人になって講師として戻って来ました。期待通りの好青年になっているのですが、「彼女、いません」と言います。飲み会に行くと、女性陣からは「あの人、カッコいいですね」なんて言われているのにです。それでも彼女がつくれない。そんな若者がポロポロいるのです。

本人たちは「いいっすよ、ボクは独身でいきますから」「女の子に興味がないわけではないんです。でも付き合う気は……」「面倒くさいじゃないですか」と、開き直ったり、言い訳をしたり。ただ、「どうしても彼女が欲しい」「どうしても彼が欲しい」という熱は感じられません。

「草食系」や「婚活」といった言葉が流行語になるのも、同じことだと思います。異性と付き合わない。あるいは付き合えない。その理由は何でしょうか。

大きな流れとして、日本人は、大人も含めて、生身の人間関係を拒否するような方向に向かっているような気がしてなりません。それが異性に対しては、極端な形で表れ始めているのです。「面倒くさいことはもういいじゃないですか」というわけです。ネットもあるしゲームもある。ほかに熱中するものがあるのに、時間はかかるし、気もつかう「デートって面倒くさい」。

失敗をしたくないという気持ちも強いのでしょう。「告白してフラレたら、傷つくのは自分。だったら何も言わないほうがまし」という子も多いと思います。

ちなみにお母さんも、子どもに彼、彼女がいないことを、ほとんど気にしていな

いようです。息子に彼女ができないことを心配しているお母さんを見たことがありません。「できないんですよ」と笑って終わります。結婚はまだ先の話だからでしょうが、「ずっと独身でもいいじゃないですか」などと平気で言っています。

こうして異性を勉強する機会は、今もどんどん減っているのです。

昔の話になりますが、かつての日本には地域ごとに、青年期に年上の先輩が年下の後輩に、女性の扱い方やセックスについて本音で教えてくれる「伝統」がありました。今は3年生なら3年生同士の付き合いで終わることが多く、縦の人間関係がつくりにくくなっています。そもそも小さいころから異なる学年の子どもと遊んでないから、先輩に何か言われることがうっとうしい。社会人になって、先輩に飲みに誘われて行きたくないというのも、その影響があるのではないでしょうか。

私は野球部の先輩から薫陶を受けました。不良だけど野球がめちゃくちゃ上手い先輩に、天草の合宿から帰った際「うどん、食いに行こうぜ」と誘われました。ついて行くと、先輩が「おまえ、ナンパしたことある?」と言います。「オレが今からしてみせるけん、おまえもこぎゃんせよ」と言って、お好み焼き屋に入って行き

ました。うしろから中をのぞくと、アルバイトの女の子がうれしそうに顔を赤らめていました。

こんな縦の関係の中で、「自分がやってみせるからお前もやってみろ」という機会が、今では失われてしまいました。やったことがないから、好きでも声をかけられない。

今ではナンパひとつが大きな壁です。

立ちはだかる異性の壁

話をお母さんとお父さんに戻します。

夫婦だって他人です。そのうえ異性でもある。そこに子どもが生まれて閉じた世界になってしまうというのは、山小屋で暮らしているのと同じことです。

お母さんは少女時代に聞いてきた恋物語を鵜呑みにして、すばらしい夫像を勝手に描いています。愛し合っていた時代は互いに関心を持っているし、ちょっとでもいないと寂しいなと思ったし、ずっとくっついていたいと思っていたでしょう。そんな幻想と記憶でいろいろなものが見えなくなっているのです。

本当なら異性というのはまったく違うものなんだということを痛感してから結婚生活をスタートしなければいけないのに、そうしなかった。そこから先はお互いがイマジネーションで補う必要があるのに、そこに思い至ってない。

「ああ、今、彼はこういうことをしてほしいのかな」と思って歩み寄るしかないのに、「これは自分が思う夫像じゃない」と切って捨てる。お父さんも「なぜ今、彼

女は怒っているのかな」と考えて、相手を分かろうとするしかないのに、「これは自分が思う妻像じゃない」と切って捨てる。切って捨てることばかり上手になって、お互いに「あり得ないよね」などと言い合っています。

異性という大きい壁の前で、なす術がない状態になっているのです。

お父さんから聞こえてくるのは「昔はかわいかったんだけどな」「いつもイライラしているんだよ」「だいたい話が長いしね」「女の言ってることは意味が分からない」というグチばかり。

お母さんから聞こえてくるのも「話なんか聞いてないですから」「家のことなんて何も考えてくれない」「いつまでたっても、靴下の置き場所を呑み込めないんです」「まるで子どもみたい」というグチばかりです。

なぜか靴下が槍玉に上がることが多いのですが、お母さんがよく言う小さい段取りみたいなものは、男の性から見ればどうでもいいことに映ります。

たとえばお母さんから「帰りにちくわとお豆腐を買ってきて」と言われます。お

父さんからすれば「こっちは仕事なんだぞ」という話です。それで「あ、忘れちゃった」と言おうものなら、「ホントに人の話を聞いてないんだから」となります。小さな段取りが崩れたことが許せないというお母さんは多いのです。

でも、男はちくわに興味がありません。なぜ決まった場所に靴下を置かないといけないのかが分かりません。基本的に、生きる、死ぬという本質論にしか興味がないのです。そして、何か問題点があるのならそれを解決するために話し合いましょう、というのが男の論理です。ところが夫婦の間でそんな話し合いをしたいと言っても、お母さんからしたら「そんなことを聞きたいんじゃない」なんです。

お母さんが子どもにお稽古事を始めさせようとしたり、習っている教室を変えようとしているときのことです。「変えようと思うんだけど」と言ってくるのは、たいていもう申込書を出したあとです。このときお母さんが求めている会話は、「あ、そうなんだ、そういうのを始めるんだ」「いい教室だといいね」みたいなことです。共感してほしいのです。ところがこれに対してお父さんは往々にして、変えるべきかどうかという「事の是非」に論点を置いて話してしまうのです。「そうい

うのはダメだって言ったじゃないか」「小さいころは勉強させないって言ったじゃないか」という返し方をします。結論部分に対して、理屈で攻めるのです。

異性を異性として理解しようという知恵が授けられていないから、男が女をバカにしたり、女が男を切り捨てたりすることで終わってしまう。異性の正体を本当の意味で理解するのは難しいでしょう。でも、少なくとも「きっとこんなふうに感じるんだろうな」ということは学び続けなければいけない。

ところがそれを、結婚してから初めて学ぶという人が多い。それが問題なのです。

Column

「花まる」の現場から ❸

紫陽花の少年

アジサイ。紫陽花と書きます。

花びらに見えるものはガクで、いわゆる装飾花。梅雨どきの風景の中、緑の海に浮いているような独特の存在感を示します。子どもが惹きつけられないわけがありません。

小学校の低学年時代だったと思います。

私も学校の帰り道に、城址のある公園に咲く花を手折ってはひとしきりもてあそび、やがて飽きたころに橋を渡りながらエイッ！と川に投げ捨てたものです。どこかボールに似ていたからかもしれません。折から川は増水しており、いつもより激しい流れの中、花がアッという間に流され、小さくなって飲まれて消えるのをじっと見つめていた記憶があります。

話は変わって、「叱り方」です。

これは、講演会でもっとも盛り上がるテーマでもあります。

すなわち「母は偉大です。偉大ではあるけれど、一方で怒りの感情がスイッチオンになると、眼前の事態とは関係ない、過去の失敗や過失まで持ち出してクドクドと怒りの感情を長引かせてしまう。結果、叱る意味も効果もなくなってしまう」というような話なのですが、昨今の「叱り方」で、もっとも問題なのは「ちゃんと叱れないお母さん」が、実に多いことです。

「話せば分かる」「相手の傷つくことをしてはいけない」という世間の風潮が、行きすぎたせいでしょうか？　へっぴり腰になって、権威を示せない親が多いのです。

「花まる学習会」を始めた20年前は、私も叱ることの大事さを頭で分かっていながら、叱ったあとに苦い気持ちが残ったものです。

ところが、何年も続けるうちに実感として確信できたことがあります。

それは「叱ったあとって、子どもはなつくなぁ」ということです。

もちろん感情まかせに叱るのはダメですが、本当に子どもの将来を思って、何

Column

が正しいかを真正面からぶつけたあとには、彼らが親しみを込めて近寄って来るのを何度となく感じたのです。

ある梅雨の日、私は保護者と廊下で面談をしていました。

子どもたちは園庭で走り回っていたのですが、小学1年生のK君が、こぶし大の石をすべり台に投げつけているのが見えました。私は即座に「コラッ！」と大声を上げ、彼を呼び寄せました。今どき珍しい青っ洟（ぱな）を垂らした彼は、実に愛らしい子で、巣穴から珍しい物を見つけた動物の子どものような瞳で私を見つめ返して来ます。

4月から付き合いが始まって、「いつもニコニコしたおじさん先生だなぁ」と思っていたのに、その「ニコニコおじさん」がいきなり睨（にら）みつけてきたことにとまどったのでしょう。

涙目をヒラヒラさせながら近づいて来たK君に、今の行為が間違っていることを指摘し、「ごめんなさい」を言わせてから、ポンと頭を撫（な）でて「じゃ約束を守って遊んできなさい」と解放しました。そして再びお母さんとの面談に戻って、

ひとしきり話したころです。

うしろから誰かにトントンと肩を叩かれました。K君です。

「ハイ」と差し出す彼の手には、紫陽花の花が握られていました。怒った先生をなだめようとでも思ったのでしょうか。それとも仲直りしたいと思ったのでしょうか。

その健気な姿に、私はすっかりハートを射抜かれてしまいました。

しかしよく考えてみたら、それって園庭のアジサイを千切ったことじゃないかと、今度は血の気が引くような感覚にも襲われます。

私はメロメロな心のまま、一方で「叱らねば」と考えて混乱しました。

そして「ダメじゃないか、でも有難うね」という、まったく矛盾した言葉をつぶやきながら、青っ洟の彼の頭をただただギュッと抱きしめていました。

Column

「花まる」の現場から ❹

心揺さぶる修学旅行

毎年「花まる学習会」では、夏休みに1か月以上にわたってサマースクール・勉強合宿を行なっています。これは「子どもらしく遊び尽くす」をモットーにした野外合宿活動で、今や私なしでも、若手スタッフが十分に運営できるまでになりました。ここ数年、私の問題意識はその先にあります。すなわち「思春期だからこその貴重な成長の機会を提供できないだろうか？」ということです。

そこで数年前から「高濱先生と行く修学旅行」という新企画を、実験的に始めてみました。これは私の故郷・熊本で、少人数限定で3泊4日の間、みんなでずっと語り続けようというものです。

新企画をスタートした年。私たちみんなは、阿蘇、熊本城、湧き水の天然プール遊びを経て、2日目に水俣（みなまた）に泊まりました。

夜になって、蛍を観察し、星があまりにもきれいだったので、子どもたちと盛

り上がっていたときです。宿の主人（大学の同級生）が、「もっときれいなところに行きましょうか」と誘ってくれて、山の中の灯りがまったくないところへ移動することになりました。

そこで見た星空は、それまであちこちのサマースクールで見た星空と比べても、間違いなくいちばんきれいでした。

天の川がただ見えるのではなく、まるで、白い絵の具を垂らしたように星屑がくっきりと浮かび上がり、木星や夏の大三角はまばゆいほどに輝いています。新月の下でお互いの顔が分かったのは、星の明るさのおかげでした。

翌日、水俣病資料館で「語り部」の話を聞きました。

当時のニュース・フィルムで「4歳の小児性水俣病患者が確認されました」と、足を震わせて歩く姿を紹介された女性Mさんです。

元気だったのに、幼児期に不自由になってしまった人生はどんなに重いことだったろうと想像しましたが、54歳の彼女は目の前で笑顔にあふれています。

「相手の企業を恨んでいますか？」という質問にも「いいえ」と、柔和な顔を横

Column

に振るのです。ただただ感謝して生きておられることが、伝わって来ました。

いったいなぜでしょう？　その答えは、最後に見せてもらったスライドで分かりました。ご両親です。

とりわけお父さんは、当時「今、入ってもいじめられるから」と、小学校入学を拒否。その良し悪しは別として、お父さんはMさんをずいぶんかわいがってくれたそうです。ようやく10歳になって、周囲の説得に応じて小学校へ入学。いじめにも遭ったそうですが、「やり返してやった」と言います。セピア色になった家族写真の中のお父さんは、「娘を守り抜く」と誓った男の覚悟に満ちていました。何もかもが取りそろった中で不幸せを感じる人も多いのに、恵まれない環境の下、これだけ明るく心満ちて生きていける。

その礎をつくったのは「親の愛」なのだなぁ。やっぱりいちばん大切なものは、愛なのだなぁと感じました。

話が終わって、写真や掲示物を見ているとき、6年生のN君が「高濱先生、さっきのMさんにもうちょっと話を聞いてもいいですか？」と言ってきました。

N君は初日の夜、「怖い話をしてくれ」とせがむので、とっておきの話をしたら、怖くなりすぎて眠れなくなり「腕枕してください」と私の布団に入ってきたくらいの甘えん坊です。そのN君が、考え込むように内省的な顔をしています。すぐにふたりでMさんの居場所をたずねたのですが、残念ながら、すでに帰られたあとでした。

私は、12歳のN君の心を間違いなく揺さぶった貴重な出会いに手応えを感じ、心からうれしく思いました。

その午後、人吉（ひとよし）市へ移動し、私自身が泳いで育った球磨（くま）川の支流・胸（むね）川でみんなで遊びました。川の匂いは昔のままでした。

そこで何かが乗り移ったかのように、私は生まれて初めて、泳いでいる「ハヤ」という俊敏な魚を、素手でつかまえることができました。

「やったー！」と魚を握りしめて立ち上がった空は、どこまでも青空。なんだか私は、故郷の山の神さまが「そう、それでいい！」と応援してくれているように感じたのでした。

Part 3

「夫よ、妻の話を聞こう」では解決できない

「妻の話を聞きましょう」では通じない

「娘の習い事のことで妻と口論になりました。娘はすでにスイミング、ピアノ、書道教室に通っています。４年生になり、本人も行きたいと言うので、『そろそろ学習塾にも通わせたいけど、どう思う?』と聞かれたのです。私は勉強は家でやればいいと思っていたし、習い事が多すぎて友だちと遊ぶ時間がなくなるほうが心配なので、反対しました。どうしても行きたいなら、ほかの習い事をやめさせるべきだ、と。ところがすでにその時点で、学習塾には入会することを決めていたのです。ちょっとムッとして、『だったらどれかをやめさせろ』と言ったところ、妻は娘に『お父さんがやめろって』と言ったようなのです。やる気になっていた娘からすると、これではまるで私が悪者です。そもそも、もう決めていたのなら、なぜ相談なんかするのか、よく分からないじゃないですか」

「ふだんはなかなか時間がとれないので、休みの日の夜は酒を飲みながら妻の話を聞くのが習慣になっています。話題はやはり子どものことが多く、なるべく真剣に

聞くように努力しているつもりです。でも、息子の魚の食べ方が友だちより汚かった、というような話をされると、それはどうでもいいことなんじゃないかと思うことが多いです。一方で、幼稚園でいじめに遭っているかもしれないという話を聞いたこともあります。そんな重要なことは、早朝に叩き起こしてでもいいからすぐに言ってくれないと困ります。妻の中でそれらがどういう優先順位になっているのかが分かりません」

「大らかだと思っていた妻ですが、娘の成績となると少し神経質すぎるところがあります。『算数の成績は上がったのに国語はそうでもないのはなぜ?』とか、『小学生のうちに英会話を始めたほうがいいってホント?』とか、いろいろなことを聞いてきます。『あまり成績に一喜一憂しないほうがいいよ』『あれこれと無理にやらせないほうがいいよ』と答えるのですが、どうも納得していないようです。機嫌が悪いときは『どうでもいいと思ってるんでしょう』『またつまらないことを言い出したと思ってるんでしょう』などとつっかかってきて、参ります」

「花まる学習会」で、子どもたちとお父さんといっしょにキャンプに行ったときの

ことです。夜、お父さんたちとビールを飲みながら話していると、こんな声が上がりました。

お母さん、お父さんを対象にして講演会を開くようになり、私は何より大事なのは、お母さんの心を救うことだと思い至りました。

そのお母さんたちはみんな「夫が話を聞いてくれない」と言います。不登校や家庭内暴力に陥った青年たちの話を聞いていても、お父さんの影が薄いのです。家庭を絵で描くと、中央にお母さんと子どもがど〜んといて、お父さんは端のほうに小さく存在しているだけです。

だから「お父さん、ダメですよ、それじゃあ。ちゃんと女性の話を聞きましょう」と言い続けました。ところがお父さんたちからは、こんな感想をいくつもいただきました。

「先生はまだ本当の答えを出していないと思います」「それはあくまで妻側に立った話でしょう」「男だってつらいんですよ」……。それで、これはお互いさまなんだと気がついたというわけです。

お母さんはお父さんが分からない。お父さんはお母さんが分からない。お互いに分かってないのだから、お父さんにだけ「話を聞きましょうよ」と言ったって、「聞いてられませんよ」というのが正直なところでしょう。そこをまず理解しないと、お父さんたちに話が通じません。

その上で、お父さんたちに言ったのは、全部を聞かなくてもいいけれど、「聞こうとしているんだよ」という態度が重要だということです。

これにはママ友たちの会話が参考になります。とても盛り上がっているように見えても、よく聞くと会話のキャッチボールがされてないこともよくあります。まずひとりが自分の話をします。するともうひとりが絶妙のタイミングで「そうなのよね」と引き取って、今度は自分の話を始めます。ほどよいところで別の人が「ホントよね」と言いながら自分の話を始めます。こうやって特に結論らしきものにはたどり着かないまま、時間が過ぎていく。そのこと自体がお母さんたちを気持ちよくさせているようです。

「○○さんの家、クリスマスのイルミネーション、始めたね」と言ってきたら「イ

ルミネーション、始めたんだね」と返す。「そうなの。昨日、飾りつけしてたの」と言ってきたら、「ウチでもそろそろ始めるか?」と返す。ワン、ツーで一応返事を返しておく。そうすると波風は立ちません。そんなことをお父さんたちには話してきました。

10年ぐらい前からはこんな言い方もしています。「お母さんも苦しい。お父さんも苦しい。お互いに苦しいのだから、相手の苦しさを想像し合いましょう」と。

実はこのころから、お父さんたちはかなり変わり始めています。

それ以前の、お父さんを対象にした講演会、父親学級では、まずこちらの言うことを聞いてもらうのがひと苦労でした。お母さんに言われてイヤイヤ来ているお父さんたちです。ふだんお母さんたちを相手に話しているように話すと、「そんなものは求めてない」と言われました。理屈を言うと、「それぐらい分かっている」と言う。感想文を書いてもらうと、「ホントにあなたは教育学の本を読んだことがあるのか」と、知識をひけらかす人もいます。珍しく褒めてくれると思ったら、「塾の先生のくせになかなかいいことを言うな」と、思い切り上から目線です。まった

も、「震源地はあなたですよ」と言っても、く謙虚ではありません。こういうお父さんに「震源地はあなたですよ」と言っても、自分には何の問題もないと思っているのですから、伝わりようがありません。

ところが10年ほど前から、イヤイヤながら連れて来られるのではなく、むしろ自ら積極的に講演会に来るようなお父さんたちがポツポツと現われ始めました。どうやら自分たちがちゃんとしないといけないらしい。そう思ったお父さんたちです。イクメンという言葉が流行する少し前のことでした。

自分たちがちゃんとしないといけない。お母さん任せにするのはよくない。そんな気持ちを、今の30代のお父さんは確実に持っています。全員が痛感しています。

親子でキャンプにやって来たお父さんたちも、もちろん、同じです。子どものことと、家族のことを真剣に考えているからこそ、キャンプに参加したというお父さんばかりです。

ところがそんなお父さんでさえ、本当のところは何をしたらいいのか、よく分からないでいる。できればお母さんの話を聞くようにしたいと心から思っているけれど、これが難しいのです。

無理なものは無理

お互いに理解し合っている。それが夫婦の理想かもしれません。でも、いくら分かり合おうと言っても、無理なものは無理です。何十年か経てば分かり合えると言われても、そこまで待てないでしょう。

であれば、無理であることを前提にして解決策を考えるしかありません。

今、お父さんたちに、お母さんについて分かってほしいのはこういうことです。子どもが何より好きなのはお母さんです。子どもにとって、お母さんというのは世界でいちばん大事なものなのです。ですから、お母さんの愛情が子どもにちゃんと注がれれば、たいていの問題は解決します。

それなのに、お母さんが愛する子どもに、ついイライラしてＮＧワードを投げつけてしまうのはなぜでしょう。愛情をかけているつもりが、甘やかしたり、過剰に守ろうとして子どもをダメにしてしまうのはなぜでしょう。

それはお母さんがあまりにも孤独だからです。少し前までの母親なら、地域に、近所に相談をしたり、教えてくれる人がいたのに、いなくなってしまったからです。お母さんは悩んでばかりで、心の安定を失っているのです。

何よりお母さんを安心させることが必要です。では、お母さんを安心させるためにお父さんができることは何でしょうか。

まずはお母さんの話に耳を傾けることです。たとえ理解できなくても、一生懸命聞こうとすることです。それだけでお母さんは少しスッキリすることができます。同じ時間を共有することが大切です。「なるほどね」「へえ、そうなんだ」と相槌を打ちながら、ひたすら聞くのです。

それは、お父さんは家族のために協力してくれている、ウチのことをちゃんと考えてくれている、ということを行動で示すことでもあります。子どもといっしょに遊ぶのもそうです。いっしょに遊ぶという行為が子どもにとって価値があるのはもちろんですが、そのことでお母さんも、お父さんはちゃんとやろうとしてくれていると思って、ホッとします。

お母さんは「花まる」の講習会に来ているお父さんのことを、「わざとらしく行

くんですよ、ウチの夫。聞いて来てやるみたいに恩着せがましく」と言います。それでも、お母さんはうれしいんです。

だから、お母さんのことを理解しろとは言いません。お父さんはお母さんを支えないといけないと思っている、その気持ちが見える行動をとりましょう。そうお父さんに伝えています。

そしてお母さんにはこう言います。

子どもにとってお父さんは重要な存在です。父親不在は決していいことではありません。仕事が忙しくて子どもと過ごす時間がなかなかとれないというお父さんは多いでしょう。それはしかたがないことかもしれません。問題は、精神的にもお父さんが不在になってしまい、家庭での存在感が薄れていることです。それはお母さんにも一因があります。

知らず知らずのうちに、お父さんへのグチを子どもに言っていることはありませんか。そのグチは子どもの意識に植え付けられます。「何もできないんだから、お金さえ持って来てくれればそれでいいのよ」。お母さんがそんなことを言ったら、子どもにとってお父さんはお金を運んで来る人になってしまいます。

男はプライドで生きている

男はプライドをズタズタにされたら、とても家族のためにはがんばれません。男は家族に忠誠を尽くす生き物なのです。子どもを持った途端に、絶対にこの子と妻は食わせてみせると思うのが男です。プライドだけで生きています。

ところが妙な平等主義がはびこるあまり、お父さんがないがしろにされることが多くなりました。これではプライドが保てない。がんばれないのです。

昔は、家長制度という便利な仕組みがありました。「家長なんだから」と、女性が男を上手に立ててくれました。今はそんなものはありません。だけど男は「立てられてなんぼ」、なのです。そこのところは分かってください。

象徴的なものにご飯があります。ご飯は大切です。夫の協力を手に入れるカギとすら言えます。

お父さんのご飯の用意を、あと回しにしていませんか。先に子どもに出してはい

ませんか。「まずお父さんね」と言って、真っ先にお茶碗を出してあげる。「夕飯、何が食べたい？」と、子どもではなくお父さんに聞くのもいいでしょう。「これはお父さんだけ」というつまみの一品があれば最高です。「あなたがいちばん、ということを意識していますよ」と、見せてあげるだけで違います。

なかなかいっしょに食卓を囲むことができなくても、やれることはあります。夜遅く帰って来るお父さんは、残り物をレンジでチンして食べるのが日課。どこの家庭にもあることでしょう。しかたがないとはいえ、味気ないものです。ところがあるお母さんは、毎夕、まず家にいないお父さん用のご飯を盛り付けて、ラップをかけ、それから子どもたちに食事を渡していたそうです。しかもそんなことをしているとは、お父さんには言っていなかった。あるとき、子どもからその話を聞かされたお父さんは、感激で胸がいっぱいになったといいます。

仕事のこともそうです。「今日も仕事なんだって」。恨みがましく言ったことはありませんか。いくらなんでも「お父さんみたいになっちゃダメよ」はないでしょうね。案外こんなことを言っているお母さんは多いのです。そうではなくて、「誰の

おかげで食べられていると思っているの？」と言うことです。これは事実じゃないですか。もちろん専業主婦のお母さんもがんばって働いているし、パートやフルタイムのお母さんもがんばって働いている。でもやはりお父さんが働いているから食えているのは事実でしょう。

少なくともお母さんも子どもも、お父さんをバカにするいわれはどこにもありません。そしてそんなことをしてもお互いが不幸になるだけです。だから本心ではどう思っていても、「お父さん、がんばってくれているよね」というメッセージだけは出してください。

想像することが大切です。分からなくても分かろうとすることが大切です。分からなくてもいいんです。分かりたいなと思う姿勢を見せるだけで、お互いに違ってくる。

人間関係が苦手な人も多いと思います。いったん関係がこじれると、修復するのを面倒に感じてしまう人もいます。そういう世代なのだと思います。だから内にこもったり、うしろ向きになったりして、「いいんです、どうせあの人に言ってもし

ょうがないから」と、さっさと結論を出してしまう。でも本当に、しょうがないのでしょうか。

固定観念を捨てて、相手の見方を変えてみることで男女の相互理解は深まるかもしれません。「男の人はこう褒めればその気になるのだな」「表現が下手なだけで、私のことがキライなわけじゃないのだな」「女の人って、こんな小さな気づきがうれしいのだな」……。

異性の感受性を想像することで、相手の気持ちもだんだんと理解できるようになるかもしれません。

そういうことを、成人たる者全員が学ばないといけない。異性を学ぶということを、意識的にしなければいけない時代なのだと思います。

Column

「花まる」の現場から ❺

宇宙と命と友と

私の頭の中には、小学校で習った「宇宙の図」がいつもあります。「宇宙のある場所から、太陽を回っている地球の公転軌道全体を俯瞰(ふかん)する図」です。南極から北極を貫く「地軸」が傾いており、それが日照時間の変化や、四季が存在する原因になっています。北半球について言えば、左側が夏、手前が秋、右が冬、奥は春……。夏の星座は、軌道の外側・左の方向、冬の星座はずっと右のほうですから、その季節の夜、南中することになります。

どこか神の目を感じさせる心地のよい図です。

さて、私はオリオン座を見ると、毎年必ず思うことがあります。それは、今年であれば「ああ生まれてこれまでに、この軌道を53周したんだな」ということです。「あ、オリオンだ! そうか、また1周回って、自分は軌道のこの位置に戻ってきたのだな」と考えるのです。

同時に私は「あと何周できるかなぁ?」とも思うのです。

面白いのは、夏の夜に同じように「夏の大三角」を見ても、そんな「自分の中の感傷」を、ほとんど感じないことです。

もっとも夏は、子どもたちと流れ星探しに夢中だったり、あわただしく過ごしがちですから、しかたないかもしれません。きっと秋から冬の境目という季節が、自分の人生を見つめ直す気分にさせるのでしょう。

数年前には、同じ歳だったマイケル・ジャクソンをはじめ、忌野清志郎や加藤和彦など、憧れたり愛したスターたちが、亡くなるというニュースがありました。ひとつの命には、限りがある。私自身も、仲間たちも。

「あと10回は、回れるかな?　だとしたら本当に限られた時間だから、よりムダを削って意味あることだけを全力でやって生きていきたいな」、そんな気持ちになります。

2009年の10月、故郷で開催された高校の同窓会で、われわれ同級生は、幹事学年でした。久々に集まった旧友同士ですが、日ごろからメーリングリストで

Column

のやりとりがあったためか、18歳当時の気分にすぐに戻って、「オマエ」「オレ」と呼び合い、女性たちは「女の子」と呼ばれたり、話に花が咲きました。

「50歳」というと、自分が20代のときには「衰えや老いの始まってる人」という印象がありました。たしかに一面では真理ですが、50歳になってみなければわらない境地も、またあります。

同窓会に出席して自分でも驚いたのは、かつて対抗勢力とまでは言わなくとも、決して仲がよくなかった同級生や、あいつにだけは負けたくないと思っていた友とも、すっかり打ち解けて話せたことです。

それらのツッパリや頑(かたく)なな思いは、しょせん自分かわいさや、自意識過剰で勝手に築いた城壁でしたし、「若気の至り」とは、まさにこのことだったのだと痛感しました。

たぶん、30年間を経て社会的責任が重くなる中、仕事や子育ての理不尽や苦労で揉(も)まれたおかげで、要らぬトゲトゲがとれて丸くなったということでしょう。旧友ではなく、それぞれの人生を懸命に生きた人々と再会し、新しい友だちとし

て絆が太く強くなる時間を共有できたことは、大いなる喜びでした。

学而時習之、不亦説乎。
有朋自遠方来、不亦楽乎。
人不知而不慍、不亦君子乎。
(学びて時に之を習う。亦た説ばしからずや。
朋有り遠方より来たる。亦た楽しからずや。
人知らずして慍みず。亦た君子ならずや。)

『論語』そのままの気分で、飛行機に乗りました。

帰って来て授業に臨むと、額から「未来」という光をピカピカに放っている子どもたちが、心からの笑顔で迎えてくれました。

「あぁ、幸せだなぁ」と感じるとともに「勉強がんばれよ。そして、いい友だちをたくさんつくれよ。50歳のときに、素敵な仲間がいっぱいいる人生にしろよ」と、心の中で叫びながら授業を進めました。

Column

「花まる」の現場から ❻

絆に支えられて

T市での講演会は、久しぶりでした。

会場で待っていると、なつかしいお母さん方がたくさんいらっしゃいました。その町で「花まる」を立ち上げたばかりのころに、入会してくださった方々です。そのひとりが「メロンパンの少年」＝S君のお母さんでした。

S君が小学3年生のとき、サマースクールで熱発したため、病院へ連れて行く車中でのことです。ふだん教えている女性講師が「S君のつくるメロンパンって、おいしいんだよね」と言うので、私も彼をただ元気づけるために「わぁいいな、食べたいな」と応えました。

すると彼は律義にもそれを覚えていてくれ、冬になってT市を再訪したとき、お母さんが「息子からです」とメロンパンを持って来てくれたのでした。

あれから4年が経つというのに、そのお母さんがまたもや「ハイ！」と手づく

りパンを持って来てくれました。小さなエピソードですが、よい思い出として大切にしてくれていた思いが伝わり、感激しました。

もうひとりは、Mちゃんのお母さんです。

Mちゃんは、7年前に急死したのです。「花まる」の会員が亡くなったのは、あとにも先にも1度だけですが、葬儀でのお母さんの悲痛な姿は、今でも忘れられません。

その後、プッツリ音信が途絶え、以来ずっと気になっていたのですが、そのお母さんがひょっこり現われたのです。驚きました。

お母さんは、丁寧なあいさつのあと「実は、Mの将来の夢だったエステティシャンに私がなったのです。お店を開いたので、報告に来ました」とおっしゃいました。

7年間Mちゃんを胸に抱き続けた母心への想い、前向きに生きようとがんばっておられることへの敬意、そして何より、こうやってわざわざ報告に足を運ぶくらい「花まる」を忘れずにいてくださることへの感動……、それらが、こもごも

Column

あふれました。

そして、厳しい世の中で私の会社が20年近く生き残ることができたのは、こういう絆でつながったお母さんひとりひとりに支えられてきたおかげだと、あらためて感謝の思いが湧き起こりました。

さてこの日から間もなく、便箋3枚にビッシリ書かれた1通の手紙をいただきました。

横浜のY君、K君兄弟のお母さんからです。その春、遠く離れたK市に転勤になること、「花まる」への感謝の言葉とともに「どうしてもお礼を言いたいエピソードがあります」と書かれていました。

「私事ですが、ちょうど1年前に私の父が頸動脈（けいどうみゃく）が詰まって倒れました。弟の結婚式を2週間後に控えたときでした。急きょ帰省し、チューブだらけの父を見て愕然としました」と、その手紙は始まっていました。

命だけはとりとめ、意識はあるけれど、表情も言葉もなかったこと。たまたまそのころ「花まる」の作文コンテストでY君が学年優秀賞をとったこと。結婚式

は予定通り行なって、翌日病院に見舞いに行ったこと。Y君がおじいちゃんにコンテストの作文集を見せて一生懸命読んで聞かせたこと、などが書かれ、続けてこうありました。

「すると、それまでまったく表情のなかった父が、顔をぐしゃっと崩し泣き顔になりました。そしてびっくりしたことに、たどたどしくですが『Y……、K……』と、子どもたちの名前を呼んだのです。みんなが驚き、感動しました。今も麻痺(まひ)はかなり残っていますが、あのときから急激に回復したような気がします。あのタイミングで作文集をいただいたこと、Yの作文が載ったこと、内容も父のことだったこと、すべてが偶然ですが、わが家にとってはすばらしい偶然でした。本当に有難うございました」

事実も驚きですが、こうやって手紙で伝えてくださった気持ちに深い信頼を感じて、有難さを嚙(か)みしめました。

またひとつ、強い絆が生まれました。

Part 4

夫は犬だと思えばいい

女たちの落とし穴

このへんで、お母さんがはまりがちな「落とし穴」をおさらいしてみましょう。

「期待しすぎる」

新婚当初に描いていた幻想から離れられないお母さんは、お父さんについ期待をしてしまいます。困ったら真っ先に駆けつけてくれるし、悩んでいればいつまでも頭を撫(な)でてくれる。ケンカなんかになるはずがない。そんな男性と結婚したつもりでも、現実は大違いです。人が話しているのにいつも上の空、寝転がってテレビを見てるお父さんに、王子さまの片鱗(へんりん)はありません。期待が大きかったぶん、落胆も大きくなります。

そもそも生活自体が、期待通りにはいきません。かわいい子どもに囲まれて、優雅に家事をこなすのが専業主婦だと思っていたら、子どもは言うことを聞かない、掃除や洗濯は毎日果てしなく続く作業です。特に子育ては、想定外の出来事の連続

で、悩みは深まる一方です。一生懸命やったって、もちろん誰も褒めてはくれません。「こんなはずじゃなかった」と泣けてくるのです。
ボタンのかけ違いは、こんなところから始まっています。

「グチを言う」

イライラが募れば、グチのひとつも出ます。グチを言い合えるような友だちがいるお母さんは、まだ幸せです。「もう、イヤになっちゃうわ」と適当に吐き出すことで、ストレスの発散になるからです。深刻なのは、グチを言える相手がいないお母さんです。グチは一方的にお父さんに向かいます。ふだん家にいないから、お父さんの休日に集中砲火を浴びせたりします。

お母さんが言いたいことは、「もう、イヤになっちゃうわ」です。これが、だんだんと「何も分かってないのね！」「なんで分かってくれないの！」「あなたに何が分かるの！」と、表現はエスカレートしていきます。条件反射のように言ってしまうこともあります。お父さんは参ってしまいます。

もっと進むと、子どもに向かってお父さんのグチを聞かせるようになります。

「どうせお父さんはアテにならないから、先に食べちゃおう」「いくら忙しいからって、約束を破るのはひどいよね」などと語りかけるのです。こんなことを言われ続けた子どもは、あとになって問題が生じることがあります。

「あきらめる」

「夫が話を聞いてくれない」と、あまりにもたくさんのお母さんが言います。「あれだけ言ったのに、もう忘れてる」「ウチのことを何も考えてくれない」と言うのもそうです。たしかに、お父さんのいけないところかもしれません。いちばん悪いのは、お母さんがそんな思いにどんどん入り込んでしまい、出て来られなくなることです。こちらが何を聞いても、「どうせ聞いてくれませんから」としか答えない。自分のほうからあきらめて、お父さんをシャットアウトしてしまう。これが大きな落とし穴です。

「意地悪をする」

男にはなかなか理解しがたいことですが、女性はイライラしてくると意地悪をしたくなることがあります。ＯＬが、イヤミな上司にコーヒーを出す際、塩か何かを

入れるというマンガがありますが、あれのことです。

「花まる学習会」に、とても優秀な女子社員がいました。彼女が誰かにカチンとしたときのことです。小さな声で、「私、意地悪したくなってきた」とつぶやいたのです。「え？　意地悪？」と、思わず聞き返しそうになりました。男にはこういう発想はありません。

お父さんのやることなすことにイライラしてくると、お母さんも意地悪をします。わざと傷つけるような言葉を投げつけたり、邪魔者扱いをしたりして、どんどんお父さんをイヤな気持ちにさせるのです。一種の復讐（ふくしゅう）です。

それで気が晴れるのかもしれませんが、もちろんそんなことを続けたら、不幸になっていくのは自分たちです。

あるとき、お父さんたちに「お母さんから言われて、イヤだったひとこと」のアンケートをとってみると、こんな答えが返って来ました。

「あなたは何も分かってない」

「はぁ!?」（思い切りイヤミっぽく、蔑んだ感じで）

「あなたは息抜きできていいね！」

「私の話を聞いていない」

「私だけががんばっているみたい」

「大事なことをいつも言ってくれない」

「だらしない」

「子どもがマネをするでしょ」

「生ゴミをまとめて！」

「いつも何も聞いてない」

「家事をしない」

「なんで洗濯物、たたんでないの？」

「子どもがいなかったら離婚する」

「お金が足りない」

「いつも働いていて家にいない」

「仕事だけしてればいいと思ってる」

「汚い」

「臭い」

「お父さんは何もやっていない。私が全部やっている」

「ちょっと、聞いてるの⁉」

「太った」

「話を聞いている？　聞いてないでしょう！」

「いつも物を出しっぱなしにしてる」

「バカじゃない？」

「なんで○○なの？」

「疲れてるの？」

「それじゃ息子といっしょじゃない！」

「……」（無言）

このほかに、「つらくて、思い出したくない」という答えもありました。

男たちの落とし穴

続いて、お父さんがはまりがちな「落とし穴」はどうでしょう？

「正解を求めたがる」

お母さんは、ただ話を聞いてほしいだけなのに、「正解を求めているのだ」と錯覚するお父さんが多くいます。そして解決策を「知識」と「理屈」で示そうとします。ここから男は、落とし穴にはまっていきます。「子どもの具合が悪い？　だったら専門家でもないオレに聞かないで、医者に連れて行けよ！」

理屈は、その通りです。しかし、そんなことはお母さんだってわかっているのです。一日じゅう子どもの様子を見ながら、「医者に連れて行ったほうがいいか、薬を飲ませたほうがいいか」をずっと考えていたのです。結果、今日のところは様子を見ることにした。お母さんが話したいのは、その経緯です。

お母さんは解決へ導いてほしいのではなく、心配してほしいだけだから、ふたり

の会話が噛み合うはずがありません。お父さんが頭の中で考えた理屈を押し通そうとしても、嫌われるだけです。

「論破する」

お父さんは「なんでこんなことが分からないんだ」と感じます。お母さんがさらに話を続けると、今度は反論を始めます。真意を問い詰めることもします。「だから結論は最初に言ってるじゃないか！」「おまえの話はまわりくどいな」「さっきはこう言ったじゃないか」「要点を言ってくれ」「箇条書きにしてくれ」などと言い立てて、お母さんを論破しようとするのです。

一般に、男性のほうが物事を論理的に考える傾向があります。相手を論破することに、快感を感じます。論争になったら、お母さんに勝ち目はありません。ところが、そもそもお母さんには論争する気などありませんから、戦いは完全なひとり相撲となります。お父さんは、また嫌われてしまいます。仮に論破したところで、得られるものは何もありません。

「自分の間違いを認めない」

高学歴のお父さんにありがちです。理屈を述べ立てて相手をやり込める。「もしかしたら自分のせいかも……」とか「自分にも落ち度があった」という発想はまったくありません。お母さんに対して、切って捨てるような言葉を投げつけることもあります。こうなると、もう穴から出るのは困難でしょう。

「辟易(へきえき)する」

次は、お母さんがイライラしたときの対応です。自分はイライラすることがあまりないから、なぜそうなるのかが分からない。イライラした様子を見せられると、それだけでもウンザリしてしまいます。

対処法のひとつは、嵐が通りすぎるまでじっと待つこと。ところが、「勝手にしろ」と放っておくと、今度は意地悪をしてきたりするのが女性です。これにも「なぜわざわざこんなイヤなことをするんだろう」とガックリきます。こんなことを繰り返すうち、だんだんお母さんに関与すること自体がイヤになっていきます。お父さんの「帰宅不能症候群」は、目前です。

お母さんたちは、お父さんの次のようなひとことにイライラを募らせています。

「で、何が言いたいんだ?」

「この前言ってたことと、話が違うじゃないか」

「だから前にも言ったじゃないか」

「言ってることが矛盾している」

「要するに、どういうことだ?」

「結論を言ってくれ」

「それは(子どもより)お母さんのほうが間違っている」

「どうしてほしいわけ?」

「冷静になろう」

「そう思い込んでるだけじゃない?」

「感情的になってるんじゃない?」

「そんな大げさな」

「そんなことも分からないのか?」

「何をイライラしてるんだ!」

「よく、そんなに怒れるね」

「今、話さないといけないことか?」

「今すぐにやらないといけないのか?」

「我慢すればいいじゃない」

「大したことないじゃない」

「しょうがない」

「これだから女は……」

「あ、忘れてた」

「別に」

「忙しい」

「面倒くさい」

「任せるよ」

「うん」「ああ」(上の空でやる気のない返事)

「……」(無言)

夫は犬だと思えばいい…意識改革のすすめ

結論が見えてきました。

ここに、悩んでいるひとりのお母さんがいます。

「こんなに私が一生懸命話しているのに、なぜ夫は聞いてくれないのか?」と訴えています。イライラして、このままだと「女の落とし穴」にはまってしまいそうです。

しかし、そもそも落とし穴の第一歩は、彼女の期待のしすぎにありました。お母さんが「話を聞いてくれない」と悩むのは、「聞いてくれるはずだ」と思っているからです。「同じ人間なのだから聞いてくれるはずだ」というわけです。では、お父さんが「同じ人間ではない」としたら、どうなるのでしょう?

同じ人間だと思うからいけないのです。

「犬」だと思えばいいのです。

「犬」だ、ということが重要です。違う生き物だと思えば、分かりやすいでしょう。決してバカにしているわけではありません。みなさん、「かわいい、かわいい」と言って、犬を飼っているじゃないですか。

実際、講演会で私が、「夫は犬だと思え！」と口にすると、みなさんの顔がほころびます。みんな、少し気持ちがラクになります。

何より犬は、飼い主に従順です。飼い主のためならハードワークも厭（いと）いません。いざというときには、体を張って飼い主を守ろうとします。

犬が散歩したいということに対して、「私は今日、散歩はしたくないんだよね」「明日は行くから、今日はやめようよ」と交渉を持ちかける飼い主は、ひとりもいません。犬というのは散歩がしたいものだ。私たちは何の疑問も持たずにそう思っています。犬が尻尾を振っていれば、「喜んでいるのだな」と理解します。やる気がなさそうに耳のうしろを掻（か）きながら寝てる姿を見て、「どうせ私たち家族のこと

なんて何も考えてないんでしょ?」と、犬に文句を言う人はいません。犬なのだから、しかたがないですね。

ためしに「夫を犬だ」と思ってみてください。ご飯がいかに大切かがわかると思います。真っ先においしいものを出してあげる。ほとんどそれだけで喜んで忠誠を誓うのですから、ラクなものでしょう。家族でレストランへ行ったら、まずお父さんにメニューを渡して、「お父さんからね!」これだけでいいんです。

日曜日に家でゴロゴロしているのだって、同じです。犬はゴロゴロするものです。くつろげるときにくつろがせないと、次のときにがんばれない。あえて余裕を与え、時間を与えて、「好きなところへ行ってくれば?」とでも言ってあげれば、犬はかなり気持ちよくなってしまいます。

褒めるのも効果的です。「お手」ができたら、撫でてあげる。飼い主に褒められた犬は自慢げです。意外とプライドの高い動物なのです。逆にけなしてばかりいると、イジケてしまいます。上手に褒めて、自信を持たせることが大切です。

子どもの前で、「いかにお父さんがすばらしい人なのか」「立派な人であるのか」

を繰り返し言い続けてあげれば、それを聞いたお父さんは、ただただうれしくなってしまいます。これをしなければいけない、あれもしなければいけない、とたくさんは言いません。ここいちばんのときに、「あなたのおかげですよ」「尊重していますよ」と、ひとこと付け加えればいいのです。


だって、男だもん。

こう思うことが大事です。これは、一種の意識改革です。


「なんで、人の話を聞いていないの？」

だって、男だもん。

長々と話を聞いていると、ついついそれがお経のように聞こえてしまい、話の中身が頭に入っていかない。男の頭の中は、そうなっているのです。

「なんで、そんなに理屈っぽいことを言うのかな？」

だって、男だもん。

男って、理屈をこね回すのが好きな生き物です。「吠（ほ）えたいだけ吠えてればい

い」と、思えばいいんです。

「なんでそんなところに靴下を置きっぱなしなの？」

だって、男だもん。

食べた物を片付けられないのも、買ってきてくれと頼まれた豆腐を忘れて帰るのも、みんなそう。日常の細かな段取りが覚えられない生き物だと思うことです。

「阪神タイガースが勝ったからって、何がそんなにうれしいの？」

だって、男だもん。

意味があろうがなかろうが、勝負事や競争が大好きな生き物なのです。ダルビッシュ有投手は「私は勝負がしたい」という名言を残して、メジャーリーグへ乗り込んで行きました。勝負がしたい。犬が走り出すのといっしょです。


まるで子どもみたい？　まさにその通りです。男はいつまでたっても、子どもみたいなものなのです。嘆いたってしかたがありません。子どもに向かって、いくら「大人になれ」と言ったって、大人にはなれません。できるはずだと、期待しすぎるのもよくありません。「子どもみたいなものだ」という事実を前提に、付き合う

しかないのです。

ですから犬である夫の飼い方は、小さな子どもの育て方に似ています。「違う生き物」というのは、そういうことなのです。

妻を○○と思いなさい

お父さんたちにも、同じことが求められています。

「妻を○○だ」と思えばいいのです。○○には、好きな動物の名前を入れてみてください。要するに「お母さんは自分と違う生き物なのだ」と思うようにしようということです。

「なんで、いつもダラダラと同じような話をするのか？」

女性というのはそういうものです。今日あった些細なことを、時間をたっぷりかけて話す生き物です。お母さんはまさにそうやって、女性同士の世界を生き抜いてきたのです。男にはつまらない話に聞こえても、あちらの世界にはそれを楽しいと思える人がたくさんいるのです。そんな想像をして、こちらから近づいて行ってください。

「何が言いたいのか、ちっとも分からない！」

だって、女ですから。理屈で分かろうとしたって無理なんです。話に結論なんてなかったりします。「矛盾」なんて言葉は大嫌いです。分からなくても、聞くことが大切なんです。

「なぜか分からないけどイライラしている」

だって、女性なんですから。女性なら、たまにイライラすることはあるんです。原因を究明して、それを除去すればイライラが消えるはず。それがまさに「男の理屈」です。たいていムダな努力に終わります。そんなことよりも、「ときどきイライラするけれど、かわいいものだ」と思ってください。それが女性といっしょに暮らすということです。

「イヤになっちゃうようなことばかり言う」

これも特別なことではありません。イライラした女性は、攻撃的になることがあります。ちょっかいを出してくる生き物なのです。そう考えれば、多少のことは我慢できるのではないでしょうか。

こんな意識改革は、男性のほうが女性より不得手かもしれません。私の経験でも、

「夫は犬だと思え」と言うと、お母さんたちはあっさり納得してくれることが多いのですが、「妻を犬だと思え」と言っても、プライドが邪魔をするのか、いつまでも意識を変えられないお父さんが多いように感じます。

でも、「男だからしょうがないのね」「女だからしょうがないのだ」と思えるようになったら、それだけで女性も男性も、ずいぶんラクになるに違いありません。

異性の扱い方が上手い人

実はごく一部に、とても男性の扱い方が上手いお母さんがいます。男の兄弟に囲まれて育ったり、部活で男子チームのマネージャーをやった経験があったり、男性が多い職場で揉まれてきた女性に多いようです。男の扱いに慣れているわけです。

彼女たちに共通するのは、「褒め上手だ」ということです。「さすがお父さん」「お父さん、スゴイね」「お父さんに感謝しなきゃ」「お父さんが言うのだから間違いない」「お父さんならできる」「お父さんと結婚してよかった」……、こんな褒め言葉が、臆面もなく口から出てくるのです。

見ていると、お父さんは「さすが」と言われるほど、大したことをやっているわけではありません。棚の上の物を取るとか、電球を取り換えるとか、せいぜいその程度のことできちんと褒められています。こんなお母さんは、男がどういうものかをよく分かっているのです。褒められることで、男はもっとがんばろうとします。

女子マネージャーに「あなたならできる」と言われたら、サッカー部の男子は、どんなに疲れていたってボールを追いかけます。女子社員に「スゴイ」と言われたら、残業なんて苦になりません。「手のひらの上で踊らせる」とは、このことです。反対に細かいことに目くじらを立てたり、欠点をあげつらうようなことはしません。

見て見ぬ振りや忘れた振りが、上手にできるのです。

「今日は○○のことで少しイライラしてしまって、帰って来てもイヤな思いをさせちゃいそうだから、会社の人とお酒でも飲んできたら？」と、お母さんがメールをしました。心配になったお父さんは、まっすぐ家に帰ってきたそうです。

テレビを見ているお父さんが、贔屓のチームが勝ったと言って騒いでいたら、さっと冷えたビールを出して「おめでとう！」と祝福するお母さん。その日、お父さんはどんなことだって喜んでやってくれるでしょう。こうなると、一種の「芸」の領域です。

なぜこんなことができるのでしょうか？　もちろん、お父さんへの愛情が特別に深いからではないはずです。男の扱い方の「上手い・下手」と「愛情の深度」には、

相関関係はありません。彼女たちは、男という異性がどういうものかを知っているのです。はなから自分と同じ人間とは思ってないから、それこそ男を動物のように扱うことができるのです。

一方、女性の扱いが非常に上手いお父さんというのも、ごくまれにですが存在します。

ひとことで言うと、女性にモテるタイプなのですが、イケメンというより、どちらかと言えば不細工な男性のほうが多いような気がします。思春期のころに「自分はモテない」と思い知らされ、その後、徐々に学習していって、何かを会得したのかもしれません。やり手の営業マンやお笑い芸人、あるいはホストのイメージに近い人たちです。

なんと言っても、彼らは女心の機微を心得ています。どうすれば女性が喜ぶかを分かっており、それをやり尽くすことができます。マメでよく気をつかい、コミュニケーション能力も非常に高いものがあります。女性たちが繰り広げるひたすら続く話にも付き合うことができるし、聞き上手だから、むしろ女性の話をどんどん引

き出していきます。

女性というのは、話した時間のぶんだけ安心するところがあります。「話をうまく聞ける」というだけで、女性からの信頼は一気に増していきます。

さらには、女性がどんな無理難題を言ったって、「そうそう」と軽く受けとめることができるし、イライラしているなと思ったら、笑わせることで楽しく気分をほぐします。

場数を踏んでいるから、ケースごとの対応の仕方も板についているのです。

もちろん、いきなりそんなマネをしようとしたって、99パーセントの男性は空振りを続けることになるでしょう。しかし、これができるかどうかが男の幸せには大きく関わってきます。

では、才能に恵まれていない多くの男性は、どうすればいいのでしょうか？

「かわいげボックス」に入れ!

自分の話をしますと、実は私は、そういったことが得意なほうでした。理由は、ふたつあります。ひとつは、これまで女の子とたくさん付き合ってきたという経験です。もうひとつは、見えないものをイメージする力です。

たとえば、女性は男性を試そうとするところがあります。「この人は私に関心を持っているのかな?」「私のことをどのくらい思ってくれているのかな?」と、男の心中の度合いを測っているのです。もしお父さんが自分を気にしてくれていないと思えば、お母さんはブチ切れます。女性とはそういうものだ、ということを私はかなり早くから理解していました。

ですから、私は日ごろから男性社員にこう言っています。女性社員に対して、気づいたら必ず「あ、髪を切ったんですね?」「今日のワンピース、とても似合ってますよ」などと声をかけようと。これなら努力次第で、誰にだってできるでしょう。

組織でこんなことを始めてみると、それだけで女性社員がうれしそうに働いてくれることが分かりました。

もうひとつ別の例を挙げましょう。私は、新入社員研修で男性たちに伝えています。「女性に受け入れてもらいたければ『かわいげボックス』に入れ！」と。これは、自分の経験から学んだものです。女の人は「この人かわいいな」と思うと、たいていのことは許してくれます。かわいいかどうかが勝負です、これが「キモ」なのです。

では女性は、何をかわいいと思うのでしょうか？　それはたとえば、「私のことで一生懸命になっている」とか、「私が言ったことをちゃんとやろうとしている」とか、「私のことを考えようとしている」といったことです。

一生懸命にやること。結果は、あまり重要ではありません。至らなくても、的外れでもいいのです。自分をさらけ出して、汗をかいて、とにかく一生懸命になっている人を見ると、女性は「ちょっと違うかなぁ？」と思っても、「悪い人じゃない

よね」と認めてくれます。

30代の初めのころ、私がお母さんたちを対象に講演をするようになったときが、まさにそうでした。当時は「こいつ、まったく女のことが分かってないな」と思われていただろうと思います。しかし、私が若さを武器に一生懸命やっていたことで、その「かわいげ」の部分で、みなさんが受け入れてくれたのです。

会社など組織でも、私心なく熱く語れる人は、答えが多少外れていても「あいつは一生懸命やっているよ」と評価を得るところとなります。女性の場合は母性本能が強いから、特にそういうところにグラッと来るんです。すました顔をして、「東大出でございい！」とエリートを鼻にかけたような、かわいくない態度とは正反対です。

女性がみんな持っているはずの「かわいげの玉手箱」に自ら入っていくこと。これが「『かわいげボックス』に入れ！」です。

「繰り返し」て「言い換え」て「共感」する

1対1の会話の中でも、できることはあります。

お母さんの話を聞くことの重要性を、繰り返し述べてきました。議論をしたいわけではなく、ただ聞いてあげればいいのだと説明してきました。しかし、ただ話を聞くだけなら、お父さんだってこれまでやってきたはずです。それなのに「話を聞いてくれない」と言われてしまう。実際、聞いているつもりが、いつの間にか上の空になってしまう。それは「聞き方」に問題があるからです。

たとえば心理学を利用した、こんな聞き方があります。話を聞くときの基本は、なるべく相手の身になって好意的に聞くことです。途中で疑問や反論が生じても、とりあえずあと回しにします。とにかくお母さんの言うことを、まず受け入れてください。

初めは、言葉を繰り返してみます。

「ちょっと聞いてよ、今日、○○が結構ひどい目に遭ったのよ」

「ひどい目に遭ったの？」

「同じクラスの△△さんから、キライって言われたんだって」

「キライって言われちゃったんだ」

といった具合です。相手の言葉をそのままなぞって、繰り返すのです。

続いて今度は、一生懸命に聞いていることを、相手にも分からせなければなりません。お母さんの言っていることを理解しているよと、相手に伝えるのです。そのために、お母さんの話を言い換えてみてください。

「話しながら、泣き出したんだから」

「きっと、ショックだったんだろうね」

「給食も少し残したんだって」

「食欲がなくなっちゃったんだね」

相手が言った言葉を「言い換え」ながら、会話を進めていくのです。

そして最後は、相手の気持ちに共感してみせます。

「聞いてたら、こっちまで悲しくなってきちゃった」

「それは大変だったね」

「夕飯、簡単なものにしちゃった」
「たまにはいいじゃないか」
最終的にお母さんがお父さんに求めているのは、この「共感」です。ここまでくると、お母さんも十分に話を聞いてもらえたと思って、納得できるのです。お父さんに限らず、「繰り返す」「言い換える」「共感する」という会話テクニックは、さまざまなシーンで使えます。

もちろん会話の途中で「何だかくだらないことを言っているな」「それがどう関係するのだ?」と、突っ込みを入れたくなることもあるでしょう。そんなときこそ、「そうだった、同じ人間ではないのだった」と思い直してみてください。意識改革をすることで、ある程度は話を受けとめることができるはずです。「とりあえず、今はなんとかこの話をまとめてみよう」という気持ちになれるはずです。

こうして会話のキャッチボールが成立するようになるのは、お互いに相手を「同じ人間ではない」と思ったところからです。

これが、「夫を犬だと思え」の効用でしょう。

男と女の違いとは？

さて、男と女が別の生き物だとわかった上で、日常生活を振り返ってみると、さまざまな局面で「男女の違い」を実感するシーンが多いことに気がつきます。

先日、「花まる学習会」の講師やスタッフが集まった機会に、男と女の違いについて、感じたことを思いつくままにディスカッションしてもらいました。

次のページに並べてみたのが、その結果です。

これが真実というわけではありませんが、10分ほどの討論でもこんなに意見が出るのは面白いことです。あえて言葉にして列挙してみると、異性への理解も半歩前進した気持ちになれます。学校や会社でも試してみてはどうでしょう。

男		女
短い 用を足す場所	トイレ	長い 戦闘準備の場所
甘い物 配らない	菓子	コミュニケーション・ツール 配る
内容(味と量)重視 黙々と食べる	食事	雰囲気重視 会話しながら食べる
買うものが決まっている 機能性重視 欲しいものはすぐ購入する 欲しければ高くても買う 違いに疎い 目的の物が手に入れば終了 他人に付き合うのは苦手	買い物	買う物は決まっていない 色合いやバランス重視 たくさん比較していちばんよいものを買う 要らないものでも安ければ買う 違いに敏感。値段にはもっと敏感 過程を楽しむのでいつまでも続けることができる 他人の買い物も楽しめる
お財布と携帯	持ち物	どんなバッグもいっぱいになる
スポーツ	熱くなるもの	ファッション
コレクションでも、勝負事でも、マニアックにひとつに没頭	夢中になるもの	多岐にわたる

男		女
ドラマ嫌い 集中して見る	テレビ	ドラマ好き 「ながら視聴」が得意
読める	地図	読めない
目的地に向かう	旅	目的地に着く過程が重要
何も考えず並んでいたい	行楽地	とにかくその場所を楽しむ
見た目はあまり気にしない 女性の身だしなみが気になる	美意識	ダイエット、エステなど、見た目にこだわる 自分の身だしなみが気になる
いっしょに黙っていても気にしない	親友	黙っていられない

男		女
そらす	目	見る
気がつかない	変化	すぐ気がつく
全体を上から覆うように守りたい	家族	中心として支えることに生きがいを感じる
夢見がちで後先を考えない	結婚	現実的
要領よく話そうとする 論点のはっきりしない話は聞いているようで聞いていない 自分へのこだわりが強い。言わなくても分かってほしい 結論を求める	会話	なるべく長く話そうとする 他人の話を聞くのが好き。聞き出すのも得意 会話の空気や相手の表情を読む 話を聞いてほしいということに気づいてほしい 結論は急がず、とりとめもなく話し続ける
黙る 言い負かしたい	ケンカ	ひたすらしゃべる 相手の誠意が欲しい

男		女
ひとことで終わる	楽しいことがあったとき	その気持ちを共有してほしいので、ひたすらしゃべる
あまり言わない	「カワイイ」	しょっちゅう言う
ひとりが好き。でも、そのわりにひとりで生きていけない	孤独	誰かといっしょがいい。でも、ひとりでも生きていける
フォルダに分けて整理する	恋の思い出	上書き保存するので、昔の話は出てこない
少年のままがいい	成長	大人になりたい
試行錯誤する	先が見えない	嫌がる
強い	体力	体力以外なら全部強い
知識	行動の源	感情

Column

「花まる」の現場から ❼ 父の愛に触れて

テレビ東京の「カンブリア宮殿」に出演しました。

これまでも活動を取材された経験はありましたし、収録当日は余裕を持ってスタジオに向かったのですが、よく考えると有名人との対談などしたことはありません。しかも、相手はなんと言葉の大明神のような村上龍さんです。

楽屋で待つうちにガラにもなく緊張してきて、本番で「どうぞ！」と呼ばれて大きなスタジオに向かい、大勢のスタッフと巨大なセットを見たときは、ガチガチになっていました。

何十年かぶりにアガッてしまったのです。

「階段を上ってください」と声をかけられ上り始めると、心ここにあらず。いつもの駅の階段そのままに、2段飛ばしで行って「あっ、いけね！」と途中から1段ずつ歩いたために、前につんのめる形で頂上にたどり着きました。

最初の20分間はこわばっていたと思いますが、村上さん、小池栄子さんの上手なリードで、本来の呼吸・話し方に戻ることができました。

知らない方からも、旧知の友からも、多くの声、お手紙、メールなどをもらいました。

「『合わないと言うな！』が良かった」「キューブキューブの村上さんが笑えた」など、褒めてくださるものが大半でうれしかったのですが、現在の「花まる」会員の保護者が、自分のことのように喜んでくださっているのを知ったときは、本当に有難く感じました。

お母さんたちの心をいちばんとらえたのは、ひとり娘の前で釣りの腕前を披露して、「パパ、カッコいい！」と言われたNさん一家のお父さんだったようです。「素敵なパパを見せたい」という企画の目的を、海釣りで見事に具現してくれました。面白かったのは、おばあちゃんから小4の女の子まで「あのパパ、かっわいい！」と、表現したことです。

女性の本質のひとつは「かわいいか、かわいくないか」を、価値基準のかなり

Column

中心部に持っていることかもしれません。

さてお父さんと言えば、先日、火傷しそうな父の愛を見せられました。

そのお父さんは、長野県の小学校のH先生で、私の公立校での活動を最初から応援してくださった方です。

信濃教育と言って、魂の熱さを感じさせる先生が多い長野県ですが、H先生もそのひとりで、自宅にテレビは置かず、歴史の研究家として論文発表を地道に続けておられます。その文章は、虚飾を削った格調高いもので、読むたびに心を洗われる名文です。

飲み会の席でのことでした。

H先生には、娘さんがひとりおられます。彼女が京都の大学に合格したため、下宿生活開始に向けて、先生がお手伝いに行って来たのだそうです。

「寂しかったでしょう?」と水を向けると、「寂しいなんてもんじゃないですよ。帰り際、娘に向かって『じゃあ、しっかりがんばりなさい』とひとこと言って、振り返った時点で涙があふれ出しました。新幹線の中では号泣でしたから」と告

白してくれました。

そして、しみじみとおっしゃいました。

「人生、もう組み直しですよ。いてくれるだけで幸せだった存在が、いなくなるのですから」と。

その言葉は私の心に響き、まぁなんと幸福な家庭だろうと、ほのぼのとした気持ちなりました。

「先生と奥さんと、どっちに似てるんですか？」とたずねると、「私に似てるって言われますねぇ」と言いながら、手帳から写真を数枚取り出して見せてくれました。そこにはあまり「先生似」とも言い切れない、年ごろの美しさに満ちた女性がニッコリと微笑んで写っていました。

続けざまに、娘を思う父心に触れたせいでしょう。ある講演会で、お母さんたちを眺めながら、ふと、子育て奮闘中のこのお母さんひとりひとりにも、どこかで娘を心配し、かわいく思い続けているお父さんがいるんだよなぁ、と思いを馳せました。

Column

「花まる」の現場から❽

逆境こそ最大のチャンス

1か月以上もサマースクールをやっていると、いろいろなことがあります。せっかくの3泊4日間の天候が、すべて雨ということがありました。4日目の朝、どこか曇った表情を見せる子どもがいたので、私は全員に向かってこう言いました。

「4日間、全部雨だったね。残念な気持ちを持っている人もいるかもしれないけど、こういうときが大事なんだよ。みんなにたくましい人になってほしいから言うんだけど、ダメな大人の典型はね、グチを言ったり他人を羨んだりする人なんだ。『あーあ、雨だよ、つまんないなぁ』とか『いいなぁ、晴れの日に行った人たちは』とかね。だけどみんなには、そういう人になってほしくない。だって、天気は選べないし、どうしようもないんだから。大事なのは、天気に限らず『与えられた条件でベストを尽くす』ってことだし、『与えられた状況を楽しみ切る』

ってことだよ。みんなは川でも遊べたし、楽しめたよね？　それは、みんなの心がすばらしかったからなんだ。これからも、どんな状況にあっても、その状況を満喫して楽しめる人になってください」と。

子どもたちの目が、キラリと光るのを感じました。

スクール最後に提出してもらった作文にも、私のその訓話のことがたくさん書かれていました。

「自分は『雨だからイヤだな』って言っていたけど、間違いだと分かりました。よかったです」というように、みんながまっすぐに受けとめてくれたことが、伝わってきました。

順境＝晴天で予定がつつがなく進行するときも、もちろん楽しんでほしいのですが、教育面で言うと、逆境こそ最高の機会です。思い通りにならないとき、うまくいかないとき、つらい気持ちになったときこそ、チャンスです。

なぜなら社会人になってから、さまざまな外的条件の厳しさ、いかんともしがたいきつい状況、不運としか言えない境遇に追い込まれたときに「乗り越えられ

Column

る人」に育てることが教育の大きな目標であり、それは「乗り越え経験」を通じて培われるものだからです。

天候などは、もっともシンプルです。乗り越えるどころか、ちょっと意識を変えるだけでいいのです。選べない条件ならば、楽しむしかない。

ところがそんなときに「うまくいかない理由づけ」を探す大人も、現実にはたくさん存在します。

夏の夕立ちでずぶ濡れになって走ったあとの、こみ上げる笑いを知っている人ならば、傘のない帰り道で「もういいや！」とばかり、むしろ水たまりにビッチャンビッチャン靴を突っ込んで歩いた経験のある人ならば、「雨だからつまらない」とは決して考えないでしょう。

子どもたちには「雨だって楽しめる人」に育ってほしいと心から思います。

もちろん、努力すれば改善できる余地があるときや、自分がサボって失敗したとわかっているときは、反省したり、よりよくする道を探すべきです。

ただ人生には選択できないこと、受け入れるしかないことがたくさんあります。

先祖や両親、遺伝子的な面での形質（肌の色・背の高さｅｔｃ）、生来の障害や病気……。個人では抗いようのない社会的なマスとしての動き＝経済なども、短期的には受け入れるしかない状況のひとつでしょう。

そんなときに、グチやねたみや「できない理由」を言うのでなく、その中でベストを尽くす姿勢はとても大切です。与えられた物を与えられた物として受けとめ、楽しみ切ることはさらに大事だと思います。

傍目には恵まれないとか、気の毒と言われてもおかしくないのに、本人は楽しみ切って幸せそうだ。そんな先輩を見つけると、子どもたちは「早く大人になりたい！」と思えるのではないでしょうか。

Part 5

大人はみんな困っている

講演会の感想から

私の講演を聞きに来てくださるお母さんやお父さんは、当然ながら子育てや教育に関心が深い方々です。人によって程度の差はあるものの、お子さんについて悩みや不安がある方々でもあります。みなさん、子育てのヒントを探して切実な思いを抱えてやって来るのです。

そんなみなさんに向かって、私は「夫は犬だと思え」と言っているわけです。そしてこの話をすると、なぜかみなさんがドッと笑って、ひときわ大きくうなずくのです。

ここでは私の講演会に来てくださったお母さん、お父さんから、アンケート形式で書いていただいた感想をいくつか紹介してみようと思います。

○お母さんからの感想

「主人は育児は手伝ってくれますが、家事はほとんど手伝ってくれないので、ついイライラしてしまいます。先生の『夫は犬だと思え』のひとことに、とても救われる思いがしました」（娘・年少）

「女は一日の出来事を誰かに話したい生き物なのですね。夫と意見交換をしてみると『頭では理解できる。でも、疲れているときは生理的に拒否する』とのこと。ほとんど私の話を聞く振りをして、実は聞いていないようです（笑）」（息子・年中）

「犬のしつけの本を読むと、犬は人間の3歳なみの知能を持ち、2匹以上の多頭飼いの場合、食事をはじめ何をするのも先住犬を優先にするよう書かれています。人間と犬はもちろん違いますが、上の子（＝夫）の不満をなくすのに、たいへん興味深いお話でした」（息子・年少）

「休日にＤＶＤのリモコンを片手に一日じゅうゴロゴロしている夫にイライラして、『なんで私ばっかりこんなに忙しくしなくちゃいけないの⁉』と不満でいっぱいでした。これからは夫を犬だと思います」（無記名）

「主人に『だから何が言いたいの？』とか『オレにどうしてほしいの？』と言われて、『聞いてくれるだけでいいんだけど……』と答えたことがありました。まさにまったく別の生き物だったのですね。主人にもこの話を伝えようと思います」（娘・中1）

「男性と女性の違いの話に、とても共感できました。小5の男の子ももう〝男性〟のような態度で、私がちょっとした世間話をしてみても、『だからナニ？』と、取り合ってくれません。これも男性と女性の違いかなと思いました」（息子・小5）

「やはり先生のお話は、男性（特にウチの主人！）にこそ聞いてほしいと思います。まさに、エリート思考（大したコトないのに）なのです！　今日からは『犬』と思

います（笑）。わが家はすべて主人が主導権を握っていて、極端な話、鉛筆1本を買うのにも主人の許可が要るくらいです。そのくせ家庭のことや子どものことはすべて私が担当で、言い訳は絶対に認められません。冷め切って、空気を吸うのも苦しい状況が続いています」（息子・小2）

「主人とたしかにぴったり合っていました。いちおう日曜日は喜んで動いてくれる人なので、『犬』ではなく『トトロ』だと思って、子どものため、自分の老後のため、上手に付き合えたらと思っています」（息子・小3）

「わが家は今、まさに夫婦ゲンカの真っ最中です。3日前、私のグチに言い返してきた主人にハラワタが煮え繰り返りました。私は主人の意見なんか聞きたくなく、グチを聞いてほしかっただけなんです。昔から、夫婦ゲンカは絶えませんでした。でも、あるときから主人を大人ではなく、息子と思うようにしました。すると、家の中がうまく回り始めました。『お金も稼ぐ、妹（娘？）の面倒もよく見てくれる、いいお兄さん』と、愛情も湧いてきました。ふだんはグチはママ友に言うようにし

ていますが、珍しく主人に言ってみたら、大失敗でした!」(娘・小4)

「父親を立てることがいいことだと分かっていても、譲れない私もいます。やはり今後は、考えを改めたほうがスムーズにいくのだと思いました。ご飯はパパがいちばんなんてどうでもいいと思ってしまうので、だったら『パパがいちばん』と言ってあげてもいいかな?」(息子・年中)

「夫を子どもっぽいと悩んでいたこともありましたが、犬だと思えばかわいく見えてきて、今は夫婦関係がちょっといいです」(息子・小2)

「先生のお話を主人に試してみたら、本当にそのまま喜んでいました。男は犬だと思うと、イライラすることもなく、子どもにも主人にも『あ~しかたない』と思えるようになりました」(息子・小2)

「数日前に日ごろのイライラが爆発し、些細なことから主人とケンカをしました。

そんな中で聞いた先生の話に出てくる母親像は、まるで私のようでした。反省して、気持ちがスッキリしました。『男性と女性は別の生き物。主人は犬だと思え』。イライラしたときはこの言葉を思い出し、気持ちを鎮め、いつも笑っていられる母親になりたいと思います」（娘・小4）

「主人への対応についてずっとこれでいいのだろうか？　と疑問に思っていました。将来を見つめ直すきっかけとなりました。稼ぎは世間なみですが、思いやりがある人なので、別の生き物としてイマジネーションを持って接してみたいと思います」（息子・年長）

「夫を犬に見立てるお話は、冗談のようで核心をついていると共感しました。先生が夫に講演する際、私たちは猫になるのでしょうか……フフフ」（娘・小4）

「主人を『犬』と思うよう切り替えてみます。心の中で『ジョン』とでも呼んでおきます」（不明・小6）

「今日から息子はカブトムシ、主人は犬と思って楽しくやっていきたいと思います。働いていたころ、上司から『男は胃袋でつないでおけ』と言われ、それを頭の片隅に置いていていましたが、再確認させられました。おかげで、わが家はなんとかやっています。主人の扱いについて考え直せば、もう少し修復できるかもしれません」（息子・小1）

「まだ小1の娘が、毎日のように夫の悪口を言う私に、ある日突然、『なんでパパと結婚したの？』と聞いてきたことがありドキッとしました。即答できませんでした。反省です。子育て、および上手な犬の育て方、がんばります！」（娘・小1）

○お父さんたちの感想

「子どもにとって、母親の精神的安定と安心が大切であることを、あらためて実感しました。私もついつい妻に対して言い過ぎ、論破してしまうことが多々あります。やめようと思います。仕事だと思って、割り切るくらいがちょうどよいのだと感じました」（娘・小2）

「夫婦の会話が大切なのは理解していましたが、仕事で疲れて帰ると妻の話を上の空で聞いていました。今日の話を聞いて〝話を聞く〟ことを大切にしようと思います」（娘・小4）

「妻からの強制参加でしたが、たいへん参考になりました。有難うございました」（息子・年長）

「今日のお話を聞いて、思い当たることがたくさんありました。私の子どもへの怒り方が悪いと言われ、子どもの勉強を見る機会がなくなり、一気に妻と子どもについてのコミュニケーションがなくなりました。今日のお話を受けて、父親の協力がいかに大切かを見直します。意地を張らずに、もう一度妻と向き合う努力をしてみようと思います」（娘・小3）

「自分が子どものときも、父と母の『状態』をいつも気にしていました。とても大きな影響があったと実感しています。家に帰って頭の中を整理して、取り組んでみようと思います」（娘・小1）

「男と女＝犬と猫、母親が子どもの支えなどの話は、実際の情景が目に浮かぶほどでした。今後は妻の行動を父親としてサポートしていきたいと感じました」（息子・小1）

「妻を理解する。言うのは簡単ですが、実際はたいへん難しいことです。理屈じゃ

ないことは分かっていたつもりですが、現実に妻との諍い(いさかい)がなくならないのも事実です。そんな中、別の生き物として考える見方はまさに目からウロコでした。子育てだけではなく社会組織にも応用できるお話だと感じ、先生の考え方に尊敬を覚えました」(娘・小3)

「妻へのねぎらいについて考えさせられました。自分の中では息子の誕生日などを通じて定期的にねぎらっているつもりでした。ところが先日『私はあなたの家政婦ではない!』と言われました。これからはよき母親像をつくるため、日々の協力と自分の行動に気をつけたいと思います。妻のため、息子のために相手の立場になって考えなければと思いました」(息子・4歳)

「やはり母親という存在は、子どもにとっては大きいのですね。父親の役割は母親を安定させること。それを肝に銘じ、これから努力したいと思います。毎日疲れて帰って、ニュースを観たいのに、機関銃のようにしゃべってくる。でもイヤがらずに聞かないといけないのですね。子どものためになるのなら、がんばります」(息

子・小3）

「先日、妻と子育てに関して大バトルを繰り広げたばかりです。本日の先生のお話は非常に共感でき、また考えさせられました。今後は、私も自信を持てる気がします。子どもといっしょに、もう少し母親をねぎらっていこうと思います」（息子・小3）

「私も常々感じているのが、『嫁ケア』です。一度感情的に言い合いになって以来、話をするのが怖くなりました。しかし、嫁から見れば、これはちっともいい反応ではないのですね。今日のお話をどこまで実践できるか分かりませんが、父親というより、まず夫としてしっかりしなければと思いました」（無記名）

「頭では理解できるのだけどね、という自分がどこかにいました。今日の話を聞いて、自分が変わらなければと思いました。何か家族のためにやりたい気持ちになれました」（息子・小3）

「男と女の話はとても参考になりました。別の生き物として、今後は、妻とよい関係を築いて行きたいと思います。仕事にも生かせる話だと思います。子どもだけではなく、すべての人間関係に生かしたいと思いました」（無記名）

　夫は犬だと思えばいい。

　これは、お母さんとお父さんの関係以外にも、大いに当てはまります。私がさまざまな席でこの話をすると、意外なところから反響がありました。

社員研修の感想から

　あるサービス業の企業の社員研修会で話をしたときのことです。聴衆は、若手社員1000人ほどです。少子化の時代に、なぜ「花まる学習会」はうまくいっているのか？　というような内容の話が中心でした。少々、ビジネス寄りの話です。

　その中で、ふだんお母さんたちにする話も紹介しました。そして「夫は犬だと思え」の話になったとき、「なるほど〜！」と大きな反応があったのです。

「同僚の男性社員を見ていて、いつも不思議に思うことがありました。決してがさつなタイプの人ではないのに、書類が見当たらなくなってあちこち探したり、整理したはずのデスクの上が3日も経たないうちに乱雑になったりすることがよくあり

ます。見ていて気持ちのいいものではないですが、これからは『男だからしかたがないか』と思うようにします」

「そういえば、自分も産休中はまさに『孤母』でした。1日のうちでしゃべる大人は、夫だけ（そして、ほとんど話にならない）。ママ友のおかげで、自分はおかしくならずに済んだのだと思います。ちなみに『夫を犬と思え』の話を、講演を欠席した同僚に話してみたら、『夫は犬ほどかわいくないよ』『犬や猫のほうがしゃべらないだけずっといい』と散々でした（笑）」

このほかにも、「男子社員に『これをやってください』と言ったのに、すぐに取りかかってくれないんです」「男子社員ってすぐに『分かった、分かった』と言うくせに、実は話を全然聞いてないんです」という女子社員の声もたくさん聞きました。

夫婦の話と同じではないですか？

男性社員がまず仕事の優先順位を考えてみるのに対して、女性社員は目の前の仕事をパッパッと片付けていかないと気が済まない。すぐに取りかからない男子社員

を見て、女子たちは「だらしない」と思ってイライラするし、男子社員は「そんな些細なことはどうでもいいじゃないか」と思っています。日ごろから「イヤだな、息苦しいな」と思っていたことが、「そうか、男って犬だったのだ」と思ってみたら、思いのほか合点がいったというのです。

逆もまた、同じでした。

「ちょっと失敗しただけでイライラする女性上司がいます。オレはなぜあんな上司に当たっちゃったのだろうと思っていました。でも、自分だけが特別だったわけではないのですね」

「女性の上司には、やはり必要以上に気をつかう自分がいます。何か注意をされるにしても、男の上司であればその場だけの叱咤だと感じますが、女性の上司はあとを引く傾向があるようです。言葉も少々キツい気がします（笑）。会社では男も女も関係がないというのは正論ですが、違いを認めた上で付き合ったほうがお互いにラクなのかもしれません」

異性同士が同じ職場で働いていて、お互い協力しないと成果が出ない局面で、女

性が男性に、男性は女性に「もうっ〜！　なんで!?」と理不尽な感情を抱いているのです。

この社員研修を通じて、職場も家庭と同じレベルの「異性の問題」を抱えていることを知りました。そして、お互いがお互いを「違う生き物なのだ」と思うだけで、気持ちがずいぶんラクになることも分かりました。

先生たちよ、異性を学ぼう

教育の現場でも同じことが起きていました。

近ごろ、心を病む学校の先生が増えていると聞いたことがありませんか？　東京都には、学校の先生のための専門の大きなケア施設があるほどです。先生たちの心の問題は、看過できない深刻な問題になっています。

なぜ、先生たちは心を病むのでしょう。原因のひとつは、「父母対応にある」と言われています。先生は毎日子どもについてさまざまなことを言われます。お母さんからクレームを受けるのも日常茶飯事です。先生は、子どもの教育に理想を求める性質があります。先生たち自身が、きれい事ばかりの環境下で育った世代であることも無縁ではないかもしれません。

ところが実際のクレームを聞いてみると、「え？　そんなことで？」というほど些細なものばかりです。しかし、些細なクレームがいつの間にかひとりの先生に向けた個人攻撃になることもあります。イライラを募らせたお母さんたちに、いじめ

のような処遇に遭う先生もいます。先生たちの事情にはおかまいなく、ひたすらペラペラしゃべり続けるお母さんもいます。こんな毎日の積み重ねが、だんだんと先生をつぶしていくのです。

そこまで追い込まれなくても、お母さんたちの言動に傷つく先生もたくさんいます。もちろん女性の先生も傷つくのですが、ガクンと来るのは男の先生が多いようです。

「なぜこんなことまで言われるのだろう」「そんなにオレってダメな教師なのか」と自分を責めるようになっていきます。

私は、学校の先生向けに講演を行ないました。同じことを先生向けの新聞に寄稿したこともあります。その場で伝えたのは「先生たちよ、異性を学ぼう」です。異性を学ぶことで、自分の心の持ちようがずいぶん変わると確信するからです。「初めて担任を持ち、保護者への対応に苦慮しています。保護者面談などの場で母親と会話をする際、どこまでシリアスな問題を抱えているのか、それとも、ただグチを話しているだけなのかが分かりません。アドバイスはおろか、頭を抱えること

もしばしばでした。母親は、まず話を聞いてほしいのだから一生懸命に耳を傾けることが重要だ、というご指摘に納得しました。明日から実践してみようと思います」

この若い男の先生は、私の話を聞いて気持ちがずいぶん軽くなったといいます。学ぶというのは、「イマジネーションを働かせる」ことです。異性のことは、感覚的には分かりません。だから「分からないということを痛感するところからスタートしないといけない」のです。

教師は、理屈を大切にしなければならない職業です。「話せば分かる」と思って、またそれを実践する職場でもあります。ところが異性間には、お互い「それのどこが面白いの?」と感じずにいられない壁が存在します。分かり合おうとしたって、無理なことだってあるのです。

先ほどの先生のように、とかく若い男の先生は解決を急ごうとします。お母さんに向かって「では、こうして、こうして、こうしましょう」などと提案してみたら、「いや先生、そういうことを聞きたいんじゃないんです」と予想もしない反応が返ってきます。お母さんたちは、ただ話したいだけで、早急な解決を求めているわけ

ではないことも多いのです。

お母さんとは、こういう生き物です。そう割り切って、たとえば、お母さんたちの生態を言葉にして書き溜めたりしてはどうでしょう？　ラクになりますよ。先生たちにそんな話をしました。「女の人って、そういうものなのですね」「話を聞いてスーッとしました」という声がありました。先ほどの社員研修とまったく同じでした。

異性の壁に直面している現場は、現代社会のあちこちにあるのです。

思春期の入り口でこそ、話してあげよう

あるときから「花まる学習会」では、「12歳の卒業記念講演」を始めました。小学校卒業を機に、塾を去る子どもたちがいます。中学受験組は巣立って行きますし、公立中へ進む生徒にも塾へ通えなくなる子どもが出てきます。

そこでひとつの区切りとして、私は記念の卒業講演を始めてみようと思い立ちました。

「こいつはいずれモテるようになるだろうな」と思って接した子どもたちが、18歳になって私のもとへ戻って来ると「彼女、いません」と言う話をしました。6年間の空白は、なかなか大きいのです。「花まる」での学習や野外体験を通して、子どもたちにさまざまな生き方を教えてきたつもりでも、時間とともに記憶は薄れてしまいます。だったら一度、きちんと話をしておいたほうがいい。子どもたちが中学に上がる前に、これから荒波にさらされる長い人生の手がかりを話しておこう。

私は、記念講演をそんな機会にしたいと思いました。

さて、その講演会で、「お父さんとお母さんがうまくいっていないと思う人はいる？」と聞いてみると、「はーい！」と声が上がります。もちろん、半分くらいは冗談のようです。

続いて「お母さんが、『お父さんって話を聞かないんだよね』と言っているのを聞いたことがある人は？」とたずねると、みんなが「はーい！」と手を挙げます。これはかなり本気です。

そして「男の子のお母さんの中には『ウチの夫って子どもなんです。ウチは子どもがふたりだけど、３人いるのといっしょなんです』なんて言ってるお母さんもいるんだよ」と教えてあげます。男子に向かって「みんなのお母さんも、同じようなことを言ってないかな？」と聞いてみると、みんなが「言ってます！」と答えます。

私は、さらに話を続けます。

でも、お母さんがそんなことを言ったって、家族が幸せになれると思うかな？

男っていう生き物は子どもみたいなところがある。結婚して初めてそれに気づく

ってのは、どうなのだろうか？　そもそもなぜお母さんは、子どもっぽい男がイヤなのだろう？　実はお母さんってね、自分の父親を男のイメージの基本に置いている。頼りがいがあって、「オレが守ってあげるよ」って言ってくれるようなイメージ。だからお父さんを見て、「この人って、なんでこんなに子どもっぽいんだろう」とうんざりする。

だけど、そんなイメージ通りの男なんてこの世にいると思うかい？

男って、家族のために一生懸命がんばろうとする生き物だよ。ただ、子どもっぽいことも男のひとつの特徴なんだね。だから、ゲームやスポーツを始めるとムキになって、「勝った、負けた」でワーワー騒いだりする。でも、むしろそれが当たり前の男の姿なんじゃないかな？

とすれば、お母さんが「ウチの夫って子どもなんですよ」ってグチを言うのは、カンガルーを飼っている人が「ウチのカンガルーって跳ぶんですよ」と嘆くのと同じことじゃないかな？

こんな話をすると、12歳の子どもたちはものすごく真剣に聞いてくれます。これ

までの私の講演の中で、いちばん目を輝かせて聞いています。夫婦の問題は、どこで話してもウケがいいのです。

子どもたちは「ちゃんと生きたいな、幸せになりたいな」と思っています。そして自分のお父さんやお母さんを見て、多くの子どもが思っています。「なぜ仲よくしてくれないのかな？　ああなっちゃ、いけないよね」と。

そこで私は言います。

お父さんとお母さんがそんなになってしまったのは、お父さんは女のことを、お母さんは男のことを、それぞれ学んでいないからだよ。だから、キミたちは学びなさい、と。

恋をしなさい。人を好きになるのは大いに結構。どんどん付き合いなさい。中学生なら、いっしょに映画を見に行ったり、ラーメンを食べに行ったりするのがせいぜいでしょう。でもたとえば何かの拍子に手をつないだとき「あ、柔らかいな」と感じたその感覚は、絶対に意味があるんだよ。それはただ「好き、好き」だけでは

なくて、学ぶということでもある。

異性と付き合っていると、しょっちゅうトラブルが起こる。突然、彼女が怒り出すことだってある。「なぜあんなことで急に怒り出すんだろう？」と思うかもしれない。反対に、突然、彼が幼く見えることだって起こるはずだよ。「なんて子どもっぽいんだろう」とがっかりするかもしれない。そういうときこそ、異性を学ぶチャンスだよ。

先生にも、同じようなことがあったよ。昔、中学生向けの雑誌を読んでいたら、「女の人は小さな優しさに弱い」とか、「マメな電話に弱い」と書いてあった。その意味が、当時の先生には全然分からなかった。そんなことを自分はちっともしてほしくなかったから、記事に向かって「ふざけんな！」と思ったんだ。男としてみれば、「小さな優しさ」とか「マメさ」なんて、バカみたいと思っていたんだね。

ところが、この歳になってみるとよく分かるんだ。

女性は小さなことを気にしてくれる優しさに気づくと、態度がぐっと柔らかくなることがある。たとえば、何かあるといつも心配して電話をくれるとか、髪型を変えたことに気づいてくれるとか、自分に関心を持ってくれるとすごくうれしいもの

なんだね。

だから、本当はそんなことには興味がないかもしれないけど、女の人はそうしてほしいんだということは、知っておいたほうがいい。


話を聞いてくれた子どもたちから、熱い感想が届きます。これは思春期の入り口でこそ、学ぶべきことです。

お母さん、お父さんもそれを意識して、「異性を学びなさい」と、ぜひ子どもたちに言ってあげてください。

異性を大切にしよう

卒業記念講演をはじめ、私は子どもたちを対象にたくさんの講演をしています。最後にみんなのキラキラした、熱い感想を紹介してみます。

「ボクも親が言うことにイラッとくるときがいっぱいあるけど、先生が言うように反発しないでいられたらいいです。ボクは、女性にいっぱい気づかうことができて、人の気持ちが分かる人間になりたいです」（男子）

「中学生活の話だけかなぁと思っていたので、高校・大学のことや、さらにもっと先の大人になってからの話も聞けて、すごくよかったです。高濱先生の体験談も聞けて、そんなことがあったんだと驚いたり、感動したり笑えたり、頭にスポッと入りました。中学生になっても、大人になっても、勉強に、友だち関係に、スポーツ（部活）に、恋にがんばりたいと思いました」（女子）

「高濱先生の話を聞いて、男と女で区別をつけない、相手をバカにしないということを教わりました。私はときどき心の中で男子をバカにしていたので、これからは直したいです」（女子）

「話を聞いて、自分の直すべきことややってみようと思うことがいっぱいありました。男子と女子の関係の話で、『男子はガキ』と思っていたり、なんであんな行動をするんだろうと思ったことがあったけど、男女の違いがとてもよく分かりました」（女子）

「高濱先生の講演会を初めて聞きました。その話が、お父さん、お母さんにぴったり合っているなと思うところがありました。初めて知ったのは、お母さんが家事をしたあとに褒めてほしいということでした」（男子）

「印象深かったのは『人との付き合い』についてです。苦手だったり、キライだっ

たりする人とも付き合っていかないといけないときもあります。そこでどれだけ上手に付き合えるか。これからは、今日聞いたことを生かしたいです。また、男女関係の話もためになりました。ふだん学校ではあまり気づかなかったけど、大きな違いがあるのだなとも思いました」（女子）

「お母さんはすごくがんばって家では働きっぱなしなのに、何も感謝しないのがどんなにつらいのか、あらためて知りました。これからは感謝の気持ちを込めて、『いつもありがとう』と言ってあげたいです」（女子）

「お話を聞いていて、自分に当てはまるところがあったので、これからの人生に生かしていきたいと思いました。今までは女子のことを変だと思うこともありました。でも、別の生き物だと思えば、結構納得できるようになりました」（男子）

「お母さんがガミガミうるさいときには、『はい』と返事をして『気の毒だな』と思えばいいという話には驚きました。でもたしかにそうすれば、お母さんにも優し

くできると思います。昨年の大みそかに、夕食の手伝いもしないで紅白歌合戦を見ていたら、とつぜんお母さんが怒り出した（というより、怖くなった）のは、自分だけ苦労してると感じてイラッときたのかもしれません」（女子）

「異性を学べというのがすごく印象的で、すごく参考になりました。女子の特徴がよく分かりました」（男子）

「男の子と女の子の関係の話が、とても心に響きました。好きな子が出来たら、自分の恥を捨てて、告白してみようと思います。フラレたらイヤだとか、みんながいるから恥ずかしいではなく、しっかり気持ちを伝えたいです」（女子）

「今、仲が悪い夫婦が多いと聞きますが、それもお互い同士が男や女の性格を理解していないからだと分かって、びっくりしました。今日、先生に言われたことを生かし、充実した中学生活を送りたい、そしてまわりの人を幸せにしたいです」（男子）

「夫婦の話が、私の家庭とまったく同じだったので驚いてしまった。ウチだけでなく、ほとんどの家庭がそうなんだと知って、心が軽くなった」（女子）

「子どもはお父さんよりお母さんと過ごす時間が多いので、子どもの中でどうしてもお父さんの存在が小さくなるのだろうと思いました。お父さんのおかげで私たち子どもが生活しているので、この話をきっかけにお父さんともたくさん会話をしようと思います。異性と付き合うのと、結婚は違うものなんだとあらためて知りました。異性を大切にしようと思います」（女子）

おわりに

ここまで読み進めてくださったみなさんに感謝します。「夫は犬」という表現にムッとされたお父さんもいらっしゃるかもしれませんが、ここまでくれば、なるほどそういうことかと理解していただけたのではないでしょうか。

言いたいことをひとことで表すと、「異性は違う生き物と考えたほうがよい」ということになります。しかしこの表現では、誰も見向きもしてくれないでしょう。講演会でふと出てきた「夫は犬」ですが、今さらながらに言い得て妙だなと思っています。

第一に、母たちをスッキリさせている面がある。ユーモアのつもりで言った言葉ですが、それを聞くお母さんたちは、ほのかな「うっぷん晴らし」の表情をしたのでした。「わはは、いいぞいいぞ」とでもいう感じです。聞きようによっては意地悪にとれる表現が、女性の心理にフィットしたのだと思います。「妻は猫」が本の題名ではダメでしょう。なぜなら男は、キツい言葉で妻をへこませたいというよう

な気持ちは、まったく持ち合わせない生き物だからです。

第二に、実際、男って何の動物かと言えば、犬っぽい。ご主人（男にとっては家族）に忠誠を尽くしたい感じ、ある種のだらしなさ、単純さ、はしゃいで喜ぶような子どもっぽさ……。だからお母さんたちは、「たしかに〜！」という表情もしていました。

講演会は、私の生きがいのひとつです。お母さんに安心してもらうことが、何よりも子どもの健やかな成長に寄与する。そのためにスタートして20年。今や年間１００回以上。一回の人数も、数百人というところまで増えました。「よくがんばりますね」と言われますが、全然がんばっているとは思っていません。自分が放った言葉で、目の前の人が泣いたり笑ったりうなずいたりしてくれることは、根源的な喜びです。帰りはいつも充実感で満たされています。

そして何よりも「感想文」。お母さんたちの熱い文章は、私の宝です。仕事でつらいときには、講演会の感想文を読むことで、よし！という気持ちにさせてもらえます。絶対に捨てないし、私こそ講演を通じて支えられているなぁと感じていま

す。

ライブ会場のような講演会の場で誕生した表現が、お母さんに受け、お父さんも納得し、会社員や先生といった社会人たちの共感を得て、12歳の子どもたちに「なるほどそうか」と感激してもらって……。とうとうここまできた。そういう意味では、「『夫は犬だ』と思えばいい」という表現、そしてこの一冊は、講演に来てくださったお母さんたちと私との共作だと言えるでしょう。この場を借りて、参加してくださったお母さんたちに、あらためてお礼を言いたいと思います。

ふざけたような題名のこの本が、お母さんの安心、そして子どもたちの未来につながりますように。

最後に、この本は、講演に参加し何度もインタビューをし、感想文に目を通してくれた鍋田郁郎氏が、文章としてまとめてくれ、私が朱を入れる形でできあがりました。鍋田氏は、大学時代、私が雇われボーカルで呼ばれたあるバンドのドラマーだった人物でもあります。何十年も経ってつながった縁に不思議を感じ、感謝の気

持ちを感じています。また、集英社の水木英氏の温かい導きがなければ、このような形になりませんでした。本当に有難うございました。

２０１２年７月

高濱正伸

高濱正伸（たかはままさのぶ）

1959年熊本県人吉市生まれ。東京大学・同大学院修士課程修了。1993年、小学校低学年向けに、「作文」「読書」「思考力」「野外体験」を主軸に据えた学習塾「花まる学習会」を設立。子どもを「メシが食える大人に育てる」ことが教育信条。教室での独創的な授業はもとより、サマースクールや雪国教室など、さまざまな試みが評判を呼び、たちまち爆発的な人気を得る。各地で精力的に行なっている講演会は、毎回キャンセル待ちが出るほどたいへんな盛況ぶり。著書に、『わが子を「メシが食える大人」に育てる』（廣済堂出版）、『お母さんのための「男の子」の育て方』（実務教育出版）など、多数。

「花まる学習会」
http://www.hanamarugroup.jp/

構成　鍋田郁郎

夫は犬だと思えばいい。

2012年 9月30日　第1刷発行
2012年10月24日　第3刷発行

著　　者　高濱正伸

発 行 者　髙橋あぐり
発 行 所　株式会社集英社
〒101-8050
東京都千代田区一ツ橋 2-5-10
編集部：03-3230-6205
販売部：03-3230-6393
読者係：03-3230-6080

印 刷 所　凸版印刷株式会社
製 本 所　株式会社 ブックアート

ISBN978-4-08-780641-0　C0037